DEN HANTVERKARE ANTIPASTO SALADER KOKBOKEN

100 antipastosalladsinspirationer från stränderna i Italien, Grekland och bortom

Rune Lindgren

Copyright Material ©2024

Alla rättigheter förbehållna

Ingen del av denna bok får användas eller överföras i någon form eller på något sätt utan korrekt skriftligt medgivande från utgivaren och upphovsrättsinnehavaren, förutom korta citat som används i en recension. Den här boken bör inte betraktas som en ersättning för medicinsk, juridisk eller annan professionell rådgivning.

INNEHÅLLSFÖRTECKNING

INNEHÅLLSFÖRTECKNING **3**
INTRODUKTION **6**
FISK OCH SKJUDSSALADER **7**
   1. ANTIPASTO TONFISKSALLAD 8
   2. ANTIPASTOSALLAD MED MEDELHAVS TONFISK 10
   3. ANTIPASTO SALLAD MED SKALDJUR FRÅN MEDELHAVET 12
   4. ITALIENSK RÄKOR OCH PILGRIMSMUSSLA ANTIPASTO SALLAD 14
   5. ANTIPASTOSALLAD MED RÖKT LAX OCH AVOKADO 16
   6. GRILLAD BLÄCKFISK OCH POTATIS ANTIPASTO SALLAD 18
GRÖNSSALADER **20**
   7. ITALIENSK ANTIPASTO SALLADSSKÅL 21
   8. GRILLAD GRÖNSAKSANTIPASTOSALLAD 23
   9. FRÄSCH TRÄDGÅRD ANTIPASTO SALLAD 25
   10. GREKISK-INSPIRERAD ANTIPASTOSALLAD 27
   11. CAPRESE ANTIPASTO SALLAD 29
KÖTTKÖTTSALADER **31**
   12. TOSKANSK ANTIPASTO SALLAD 32
   13. FEST ANTIPASTO SALLAD 34
   14. ANTIPASTO FÖRRÄTT OSTBRÄDA 36
   15. ANTIPASTO WONTON SALLAD 38
   16. SPANSK CHORIZO OCH MANCHEGO ANTIPASTO SALLAD 40
   17. FRANSK CHARKUTERI ANTIPASTO SALLAD 42
   18. GREKISK-INSPIRERAD CHARK-ANTIPASTOSALLAD 44
   19. RUSTIK CHARKUTERI ANTIPASTO SALLAD 46
   20. ANTIPASTOSALLAD MED PROSCIUTTOLINDAD MELON 48
PASTASALADER **50**
   21. SAUCY CHEDDAR FUSILLI SALLAD 51
   22. ITALIENSK KALL PASTASALLAD MED SALAMI 53
   23. KALK- OCH TRANBÄRSKALL PASTASALLAD 55
   24. KALL PASTASALLAD MED SKINKA OCH CHEDDAR 57
   25. KYCKLING CAESAR KALL PASTA SALLAD 59
   26. GREKISK ORZO PASTA SALLAD MED GYRO KÖTT 61
   27. ROSTBIFF OCH CHEDDARPASTASALLAD 63
   28. BACON RANCH KALL KYCKLINGPASTASALLAD 65
   29. ITALIENSK ANTIPASTO PASTASALLAD 67
   30. RÖKT KALKON OCH AVOKADOPASTASALLAD 69
   31. GRILLAD KORV OCH GRÖNSAKSPASTASALLAD 71
   32. RÄKOR OCH AVOKADO KALL PASTASALLAD 73
   33. PASTRAMI OCH SCHWEIZISK KALL PASTASALLAD 75
   34. TONFISK OCH VITA BÖNOR KALL PASTASALLAD 77

35. B BQ KYCKLING OCH MAJSPASTASALLAD 79
36. ITALIENSK KORV OCH PAPRIKA PASTASALLAD 81
37. COPYCAT RUBY TUESDAY PASTA SALLAD.. 83
38. OSTIG PEPPERONI ROTINI SALLAD 85
39. GORGONZOLA PASTASALLAD.. 87
40. ROMANO LINGUINE PASTASALLAD 89
41. MINTY FETA OCH ORZO SALLAD 91
42. NÖTIG GORGONZOLA-PASTASALLAD 93
43. FÄRSK CITRONPASTASALLAD 95
44. TORTELLINISALLAD MED TRE OSTAR... 97
45. PESTO OCH SOLTORKAD TOMAT PENNE SALLAD 99
46. CHEDDAR OCH BROCCOLI BOWTIE PASTA SALLAD... 101
47. GRILLAD TOFU OCH SESAMNUDELSALLAD 103
48. GRILLAD PILGRIMSMUSSLA OCH SPARRISPASTASALLAD 105
49. TONFISK OCH KRONÄRTSKOCKA PASTASALLAD 107
50. RÄK- OCH AVOKADOPASTASALLAD 109
51. RÖKT LAX OCH DILLPASTASALLAD 111
52. KRABBA- OCH MANGOPASTASALLAD... 113
53. TROPISK FRUKT OCH RÄKOR PASTASALLAD 115
54. BÄR- OCH FETAPASTASALLAD 117
55. CITRUS- OCH AVOKADOPASTASALLAD 119
56. VATTENMELON OCH FETAPASTASALLAD 121
57. MANGO OCH SVARTA BÖNOR PASTASALLAD 123
58. ÄPPEL- OCH VALNÖTPASTASALLAD 125
59. PASTASALLAD MED ANANAS OCH SKINKA 127
60. CITRUSBÄRPASTASALLAD 129
61. KIWI-, JORDGUBBS- OCH ROTINIPASTASALLAD 131
62. MANGO SALSA MED FARFALLE PASTA SALLAD 133
63. PERSIKA OCH PROSCIUTTO PASTASALLAD 135
64. BLÅBÄRS- OCH GETOSTPASTASALLAD 137
65. SPENAT, ÄRTER, HALLON OCH SPIRALPASTASALLAD.. 139
66. MANDARIN APELSIN OCH MANDELPASTASALLAD 141
67. PILGRIMSMUSSLA OCH SPARRISPASTASALLAD 143
68. CITRON VITLÖK RÄKOR OCH ORZO SALLAD 145
69. VITLÖK-SVAMP FUSILLI MED PÄRONSALLAD 147
70. MEDELHAVET GRÖNSAKSPASTASALLAD 149
71. PESTO VEGGIE SPIRAL PASTA SALLAD 151
72. RAINBOW VEGGIE PASTA SALLAD 153
73. ASIATISK SESAM GRÖNSAKSNUDDELSALLAD 155
74. GREKISK ORZO GRÖNSAKSSALLAD 157
75. ROSTAD GRÖNSAKS- OCH KIKÄRTSPASTASALLAD 159
76. SPENAT OCH KRONÄRTSKOCKA KALL PASTASALLAD 161
77. THAILÄNDSKA JORDNÖTSGRÖNSAKSNUDLARSALLAD 163
78. CAESAR VEGGIE PASTA SALLAD 165

79. Pastasallad med hummer och mango 167
80. Medelhavs Tzatziki Räkpastasallad 169
81. Räk- och körsbärstomatpastasallad 171
82. Nötig tonfisk och pastasallad 174
83. Kycklinganbud & Farfallesallad 176
84. Krämig Penn Pasta Sallad 178
85. Feta och rostad kalkonsallad 180
86. Nötig kycklingpastasallad 182
87. Kyckling Caesar Pasta Sallad 184
88. Kalkon och tranbärspastasallad 186
89. Citronört Grillad Kycklingpastasallad 188
90. Ranch Chicken och Bacon Pasta Sallad 190
91. Curry kyckling och mango pastasallad 192
92. Grekisk kyckling och orzosallad 194
93. Pastasallad med kyckling och svarta bönor 196
94. Mango Curry Chicken Pasta Sallad 198
95. Caprese Chicken Pesto Pasta Sallad 200
96. Asiatisk sesam kyckling nudelsallad 202
97. Citronört Kalkon och Sparris Pasta Sallad 204
98. Kyckling och Broccoli Pesto Pasta Sallad 206
99. Buffalo Chicken Pasta Sallad 208
100. Tranbärsvalnötskycklingpastasallad 210

SLUTSATS 212

INTRODUKTION

Välkommen till "DEN HANTVERKARE ANTIPASTO SALADER KOKBOKEN: 100 antipastosalladsinspirationer från stränderna i Italien, Grekland och bortom." Antipastosallader är en hyllning till medelhavssmaker, som kombinerar färska ingredienser, livfulla färger och djärva smaker för att skapa en kulinarisk upplevelse som är både tillfredsställande och uppfriskande. I den här kokboken inbjuder vi dig att ge dig ut på en resa genom kustområdena i Italien, Grekland och bortom, och utforska den rika gobelängen av smaker som definierar denna älskade maträtt.

Med sitt ursprung från de italienska orden "anti" (före) och "pasto" (måltid), syftar antipasto traditionellt på ett urval av små aptitretare som serveras före huvudrätten. Men under de senaste åren har konceptet utvecklats till att omfatta en mängd olika sallader som visar upp de bästa ingredienserna i medelhavsskafferiet. Från syrliga oliver och krämiga ostar till salta charkuterier och knapriga grönsaker, antipastosallader erbjuder en symfoni av smaker och texturer som är lika tillfredsställande som utsökt.

I den här kokboken hittar du en mängd olika antipastosalladsinspirationer som hämtar inspiration från de kulinariska traditionerna i Italien, Grekland och utanför. Varje recept har utformats noggrant för att framhäva de unika smakerna och ingredienserna i sin respektive region, och erbjuder en smak av soldränkta stränder och livliga marknader som inspirerar medelhavsköket.

Oavsett om du är värd för en sommargrill, packar en picknick till stranden eller bara är sugen på en lätt och uppfriskande måltid, kommer recepten i denna kokbok garanterat att glädja dina smaklökar och transportera dig till avlägsna länder med varje tugga. Så ta tag i ditt förkläde och gör dig redo att ge dig ut på ett kulinariskt äventyr som hyllar konstnärskapet med antipastosallader och Medelhavets livliga smaker.

FISK OCH SKJUDSSALADER

1.Antipasto tonfisksallad

INGREDIENSER:
- 1/2 kopp vanlig yoghurt
- 1/3 kopp majonnäs
- 1/4 kopp hackad basilika
- 1/4 tsk peppar
- 1/2 en engelsk gurka
- 1 paprika
- 2 koppar körsbärstomater; halveras
- 1 1/2 dl bocconcini pärlor
- 1/2 kopp gröna oliver med piment
- 2 msk avrunnen & hackad inlagd het paprika
- 2 burkar tonfisk i bitar, avrunna
- Gröna sallad

INSTRUKTIONER:
a) I en stor skål, kombinera yoghurt, majonnäs, basilika och peppar.
b) Blanda noggrant.
c) Tillsätt gurka, paprika, tomater, bocconcini, oliver och paprika.
d) Kasta till beläggning.
e) Använd en gaffel och rör försiktigt ner tonfisken och lämna den i lagom stora bitar.
f) Servera ovanpå grönt.

2.Antipastosallad med medelhavs tonfisk

INGREDIENSER:
- 1 burk bönor (kikärter, svartögda ärtor eller cannellinibönor), sköljda
- 2 burkar eller förpackningar vattenpackade chunk light tuna, avrunna och flingade
- 1 stor röd paprika, fint tärnad
- 1/2 dl finhackad rödlök
- 1/2 kopp hackad färsk persilja, delad
- 4 tsk kapris, sköljd
- 1 1/2 tsk finhackad färsk rosmarin
- 1/2 kopp citronsaft, delad
- 4 matskedar extra virgin olivolja, delad
- Nymalen peppar efter smak
- 1/4 tsk salt
- 8 dl blandad grönsallad

INSTRUKTIONER:
a) Kombinera bönor, tonfisk, paprika, lök, persilja, kapris, rosmarin, 1/4 kopp citronsaft och 2 matskedar olja i en medelstor skål.
b) Krydda med peppar.
c) Kombinera den återstående 1/4 koppen citronsaft, 2 matskedar olja och salt i en stor skål.
d) Lägg till gröna sallad; kasta till beläggning.
e) Dela det gröna mellan 4 tallrikar och toppa var och en med tonfisksalladen.

3.Antipasto sallad med skaldjur från Medelhavet

INGREDIENSER:
- 1 kopp kokta och kylda räkor, skalade och urvattnade
- 1 kopp marinerade kronärtskockshjärtan, i fjärdedelar
- 1/2 kopp bläckfiskringar, kokta och kylda
- 1/2 kopp bläckfisk, kokt och skuren i lagom stora bitar
- 1/2 dl körsbärstomater, halverade
- 1/4 kopp svarta oliver, urkärnade
- 1/4 kopp gröna oliver, urkärnade
- 1/4 kopp rostad röd paprika, skivad
- 1/4 kopp tunt skivad rödlök
- 2 msk kapris, avrunnen
- Färsk persilja, hackad (för garnering)
- Citronklyftor (för servering)

KLÄ PÅ SIG:
- 1/4 kopp extra virgin olivolja
- 2 msk rödvinsvinäger
- 1 tsk dijonsenap
- 1 vitlöksklyfta, finhackad
- Salta och peppra efter smak
- En nypa torkad oregano

INSTRUKTIONER:
a) I en stor blandningsskål, kombinera räkor, kronärtskockshjärtan, bläckfisk, bläckfisk, körsbärstomater, svarta och gröna oliver, rostad röd paprika, rödlök och kapris.
b) I en liten skål, vispa ihop olivolja, rödvinsvinäger, dijonsenap, hackad vitlök, salt, peppar och oregano för att skapa dressingen.
c) Häll dressingen över skaldjursblandningen och blanda försiktigt så att den blir jämn.
d) Ställ i kylen i minst 30 minuter så att smakerna smälter samman.
e) Servera kyld, garnerad med färsk persilja och tillsammans med citronklyftor.

4. Italiensk räkor och pilgrimsmussla Antipasto sallad

INGREDIENSER:
- 1 kopp kokta och kylda räkor, skalade och urvattnade
- 1 kopp kokta och kylda pilgrimsmusslor, halverade om de är stora
- 1 kopp tärnad gurka
- 1/2 dl halverade körsbärstomater
- 1/2 kopp tunt skivad fänkålslök
- 1/4 kopp skivade rädisor
- 1/4 kopp rödlök, tunt skivad
- Färska basilikablad, rivna (för garnering)

KLÄ PÅ SIG:
- 1/4 kopp extra virgin olivolja
- 2 msk citronsaft
- 1 tsk honung
- 1 liten vitlöksklyfta, finhackad
- Salta och knäckt svartpeppar efter smak
- Skal av 1 citron

INSTRUKTIONER:
a) I en stor salladsskål, kombinera räkor, pilgrimsmusslor, gurka, körsbärstomater, fänkål, rädisor och rödlök.
b) I en liten skål, vispa ihop olivolja, citronsaft, honung, vitlök, salt, peppar och citronskal för att skapa dressingen.
c) Ringla dressingen över skaldjurs- och grönsaksblandningen, blanda försiktigt för att kombinera.
d) Låt salladen svalna i kylen i cirka 20 minuter innan servering.
e) Garnera med färsk basilika precis innan servering.

5.Antipastosallad med rökt lax och avokado

INGREDIENSER:
- 2 koppar blandade grönsaker (som ruccola och spenat)
- 4 oz rökt lax, tunt skivad
- 1 avokado, skivad
- 1/2 gurka, skivad i band
- 1/4 kopp rödlök, tunt skivad
- 2 msk kapris, avrunnen
- Färsk dill till garnering

INSTRUKTIONER:
a) Ordna de blandade grönsakerna på ett fat eller i en stor skål som bas i din sallad.
b) Toppa med rökt laxskivor, avokadoskivor, gurkband, rödlök och kapris.
c) I en liten skål, vispa ihop olivolja, citronsaft, honung, salt och peppar för att skapa dressingen.
d) Ringla dressingen över salladen precis innan servering.
e) Garnera med färsk dill. Servera omedelbart för att njuta av de fräscha smakerna.

6.Grillad bläckfisk och potatis Antipasto sallad

INGREDIENSER:

- 1 lb bläckfisk, rengjord och förkokt tills den är mjuk
- 1 lb liten potatis, kokad tills den är mjuk och halverad
- 1/4 kopp extra virgin olivolja, plus extra för grillning
- 1/2 citron, saftad
- 2 vitlöksklyftor, hackade
- 1 tsk rökt paprika
- 1/4 kopp persilja, hackad
- Salta och nymalen svartpeppar efter smak

INSTRUKTIONER:

a) Förvärm din grill till medelhög värme. Kasta den förkokta bläckfisken med lite olivolja, salt och peppar.

b) Grilla bläckfisken ca 2-3 minuter på varje sida, tills den är förkolnad och krispig. Låt den svalna något och skär sedan i lagom stora bitar.

c) I en stor skål, kombinera den grillade bläckfisken, kokt potatis, olivolja, citronsaft, hackad vitlök, rökt paprika och persilja. Kasta för att kombinera.

d) Krydda med salt och peppar efter smak.

e) Servera salladen varm eller i rumstemperatur, garnerad med extra persilja om så önskas.

GRÖNSSALADER

7.Italiensk Antipasto salladsskål

INGREDIENSER:
- 6 uns kronärtskocka hjärtan
- 8-3/4 uns burk garbanzobönor, avrunna
- 8-3/4 uns burk röda kidneybönor, avrunna
- 6-1/2 uns kan tända tonfisk i vatten, dränerad och flingad
- 1/2 söt rödlök, tunt skivad
- 3 msk italiensk salladsdressing
- 1/2 kopp selleri, tunt skivad
- 6 dl blandad sallad
- 2 uns ansjovis, avrunnen
- 3 uns torr salami, skuren i tunna strimlor
- 2 uns Fontina ost, skuren i tärningar
- Inlagd röd och grön paprika till garnering

INSTRUKTIONER:
a) Blanda kronärtskocka och marinad med bönor, tonfisk, lök och 2 msk flaskdressing.
b) Täck över och kyl i 1 timme eller längre för att blanda smaker.
c) I en stor salladsskål, kombinera lätt den marinerade blandningen med selleri och grönsallad.
d) Om det behövs, blanda i lite mer buteljerad dressing.
e) Lägg ansjovis, salami och ost ovanpå och garnera sedan med paprika. Servera omedelbart.

8. Grillad grönsaksantipastosallad

INGREDIENSER:
- 2 medelstora zucchinis, skivade på längden
- 2 paprika (sorterade färger), halverade och kärnade
- 1 stor aubergine, skivad i rundor
- 1 rödlök, skivad i tjocka ringar
- 1 kopp körsbärstomater
- 1/4 kopp färska basilikablad, rivna
- 1/4 kopp Kalamata oliver, urkärnade och halverade
- 2 msk kapris, avrunnen
- Salt och svartpeppar efter smak
- Extra virgin olivolja, för grillning

KLÄ PÅ SIG:
- 1/4 kopp extra virgin olivolja
- 2 msk balsamvinäger
- 1 vitlöksklyfta, finhackad
- 1 tsk dijonsenap
- Salta och nymalen svartpeppar efter smak

INSTRUKTIONER:
a) Värm grillen till medelhög värme.
b) Pensla grönsaker med olivolja och smaka av med salt och peppar.
c) Grilla grönsakerna tills de är mjuka och lätt förkolnade, ca 4-5 minuter per sida för zucchini, paprika och aubergine, och ca 2-3 minuter för lökringar.
d) Ta bort grönsakerna från grillen och låt dem svalna något. Skär dem sedan i lagom stora bitar.
e) Kombinera de grillade grönsakerna, körsbärstomaterna, rivna basilikablad, oliver och kapris i en stor skål.
f) I en liten skål, vispa ihop olivolja, balsamvinäger, hackad vitlök, dijonsenap, salt och peppar för att göra dressingen.
g) Häll dressingen över salladen och rör om försiktigt för att täcka.
h) Servera i rumstemperatur eller kyld, garnerad med ytterligare basilikablad om så önskas.

9.Fräsch trädgård Antipasto sallad

INGREDIENSER:
- 2 koppar blandad grönsallad (som ruccola, spenat och sallad)
- 1 dl körsbärstomater, halverade
- 1 dl gurka, tärnad
- 1 dl paprika (sorterade färger), tärnad
- 1/2 kopp rödlök, tunt skivad
- 1/4 kopp urkärnade gröna oliver, halverade
- 1/4 kopp smulad fetaost
- 2 msk hackad färsk basilika
- Salt och svartpeppar efter smak

INSTRUKTIONER:
a) I en stor salladsskål, kombinera de blandade salladsgrönsakerna, körsbärstomaterna, tärnad gurka, tärnad paprika, tunt skivad rödlök och halverade gröna oliver.
b) Strö smulad fetaost över salladen.
c) Lägg hackad färsk basilika på toppen.
d) Krydda med salt och svartpeppar efter smak.
e) Blanda försiktigt för att kombinera alla ingredienser och fördela smakerna jämnt.
f) Servera omedelbart som en uppfriskande och livlig förrätt eller tillbehör. Njut av den fräscha smaken av trädgården i varje tugga!

10.Grekisk-inspirerad antipastosallad

INGREDIENSER:
- 1 dl körsbärstomater, halverade
- 1 gurka, tärnad
- 1 paprika (valfri färg), tärnad
- 1 kopp Kalamata oliver, urkärnade
- 1/2 kopp rödlök, tunt skivad
- 1 dl fetaost, smulad
- 1/4 kopp färsk persilja, hackad
- 1/4 kopp extra virgin olivolja
- 2 msk rödvinsvinäger
- 1 tsk torkad oregano
- Salta och peppra efter smak

INSTRUKTIONER:
a) I en stor skål, kombinera körsbärstomater, gurka, paprika, oliver, rödlök, fetaost och persilja.
b) I en liten skål, vispa ihop olivolja, rödvinsvinäger, torkad oregano, salt och peppar för att göra dressingen.
c) Häll dressingen över salladen och rör om försiktigt för att täcka.
d) Servera omedelbart eller kyl i kylen i cirka 30 minuter så att smakerna smälter samman.

11. Caprese Antipasto sallad

INGREDIENSER:
- 2 dl körsbärstomater, halverade
- 2 dl mini mozzarellabollar (bocconcini)
- 1/4 kopp färska basilikablad, rivna
- 2 matskedar extra virgin olivolja
- 1 msk balsamvinäger
- Salta och peppra efter smak

INSTRUKTIONER:
a) Kombinera körsbärstomater, minimozzarellabollar och trasiga basilikablad i en stor skål.
b) Ringla olivolja och balsamvinäger över salladen.
c) Krydda med salt och peppar efter smak.
d) Kasta försiktigt för att kombinera.
e) Servera omedelbart eller kyl i upp till 30 minuter innan servering för att smakerna ska smälta.

KÖTTKÖTTSALADER

12.Toskansk Antipasto sallad

INGREDIENSER:
- Skinka
- Salami
- Marinerade kronärtskockshjärtan
- Oliver (gröna och svarta)
- Soltorkade tomater
- Färska mozzarellabollar
- Grillade brödskivor

INSTRUKTIONER:
a) Lägg alla ingredienser på ett stort fat.
b) Servera med grillade brödskivor.
c) Ringla extra virgin olivolja och strö över färska örter för extra smak.

13. Fest antipasto sallad

INGREDIENSER:
- 1 burk (16 oz.) kronärtskockshjärtan; dränerad/halverad
- 1 pund fryst brysselkål
- ¾ pund körsbärstomater
- 1 burk (5 3/4 oz.) gröna spanska oliver; dränerad
- 1 burk (12 oz.) pepperoncini-peppar; dränerad
- 1 pund Färska svampar; rengöras
- 1 burk (16 oz.) hjärtan av palm; frivillig
- 1 pund Pepperoni eller salami; kubad
- 1 burk (16 oz.) svarta oliver; dränerad
- ¼ kopp rödvinsvinäger
- ¾ kopp Olivolja
- ½ tesked Socker
- 1 tesked Dijon senap
- Salt; att smaka
- Nymalen peppar; att smaka

INSTRUKTIONER :
a) Blanda alla ingredienser innan du tillsätter vinägretten.
b) Kyl i 24 timmar.

14. Antipasto förrätt ostbräda

INGREDIENSER:
- Diverse charkuterier (som prosciutto, salami eller capicola)
- Diverse ostar (som mozzarella, provolone eller Asiago)
- Marinerade kronärtskockshjärtan
- Marinerade oliver
- Rostad röd paprika
- Grillade eller marinerade grönsaker (som zucchini eller aubergine)
- Blandat bröd eller pinnar
- Balsamicoglasyr eller reduktion för duggregn
- Färsk basilika eller persilja till garnering

INSTRUKTIONER:
a) Ordna de olika charkarna på en stor serveringsbräda eller tallrik.
b) Lägg de olika ostarna bredvid köttet.
c) Lägg till marinerade kronärtskockshjärtan, marinerade oliver och rostad röd paprika på brädan.
d) Inkludera grillade eller marinerade grönsaker för extra smak och variation.
e) Tillhandahåll olika bröd eller brödpinnar som gästerna kan njuta av till köttet och ostarna.
f) Ringla balsamicoglasyr eller reduktion över ingredienserna för en syrlig och söt touch.
g) Garnera med färsk basilika eller persilja för extra fräschör och visuellt utseende.
h) Servera och njut!

15. Antipasto Wonton sallad

INGREDIENSER:
- 4 koppar blandade gröna
- 1/4 kopp skivad salami
- 1/4 kopp skivad pepperoni
- 1/4 kopp skivad provoloneost
- 1/4 kopp skivad rostad röd paprika
- 8 wonton omslag, stekta och hackade

KLÄ PÅ SIG:
- 2 msk rödvinsvinäger
- 1 msk olivolja
- 1 vitlöksklyfta, finhackad
- Salta och peppra efter smak

INSTRUKTIONER:
a) I en stor skål, kombinera blandade gröna, skivad salami, skivad pepperoni, skivad provoloneost och skivad rostad röd paprika.

b) I en liten skål, vispa ihop rödvinsvinäger, olivolja, hackad vitlök, salt och peppar för att göra dressingen.

c) Häll dressingen över salladen och blanda ihop.

d) Toppa med hackade stekta wontons.

e) Servera omedelbart.

16.Spansk Chorizo och Manchego Antipasto sallad

INGREDIENSER:
- 4 koppar blandad grönsallad (som babyspenat och ruccola)
- 1 dl körsbärstomater, halverade
- 1/2 kopp skivad rostad röd paprika
- 1/4 kopp skivade spanska oliver
- 1/4 kopp tunt skivad rödlök
- 4 oz tunt skivad spansk chorizo
- 4 oz tunt skivad Manchego ost
- 1/4 kopp rostade mandlar
- Salt och svartpeppar efter smak

KLÄ PÅ SIG:
- 1/4 kopp extra virgin olivolja
- 2 msk sherryvinäger
- 1 tsk honung
- 1 vitlöksklyfta, finhackad
- Salta och nymalen svartpeppar efter smak

INSTRUKTIONER:
a) I en stor salladsskål, kombinera de blandade salladsgrönsakerna, körsbärstomaterna, rostad röd paprika, spanska oliver och tunt skivad rödlök.
b) Lägg den tunt skivade spanska chorizon och Manchego-osten ovanpå salladen.
c) Strö rostad mandel över salladen.
d) I en liten skål, vispa ihop olivolja, sherryvinäger, honung, hackad vitlök, salt och peppar för att göra dressingen.
e) Ringla dressingen över salladen precis innan servering.
f) Kasta försiktigt så att alla ingredienser täcks med dressingen.
g) Servera omedelbart som en spanskinspirerad antipastosallad med en härlig blandning av smaker.

17.Fransk charkuteri Antipasto sallad

INGREDIENSER:
- 4 koppar blandad grönsallad (som frisée och mache)
- 1 kopp druvtomater, halverade
- 1/2 kopp marinerade kronärtskockshjärtan, i fjärdedelar
- 1/4 kopp Niçoise oliver
- 1/4 kopp tunt skivad rödlök
- 4 oz tunt skivad fransk skinka (jambon)
- 4 oz tunt skivad saucisson sec (torr korv)
- 1/4 kopp smulad getost
- Salt och svartpeppar efter smak

KLÄ PÅ SIG:
- 1/4 kopp extra virgin olivolja
- 2 msk rödvinsvinäger
- 1 tsk dijonsenap
- 1 schalottenlök, finhackad
- Salta och nymalen svartpeppar efter smak

INSTRUKTIONER:
a) I en stor salladsskål, kombinera de blandade salladsgrönsakerna, druvtomater, marinerade kronärtskockshjärtan, Niçoise-oliver och tunt skivad rödlök.
b) Lägg den tunt skivade franska skinkan och saucisson sec ovanpå salladen.
c) Strö smulad getost över salladen.
d) I en liten skål, vispa ihop olivolja, rödvinsvinäger, dijonsenap, hackad schalottenlök, salt och peppar för att göra dressingen.
e) Ringla dressingen över salladen precis innan servering.
f) Kasta försiktigt så att alla ingredienser täcks med dressingen.
g) Servera omedelbart som en franskinspirerad antipastosallad med ett sofistikerat utbud av smaker.

18.Grekisk-inspirerad chark-antipastosallad

INGREDIENSER:
- 4 koppar blandad grönsallad (som roman och isbergssallad)
- 1 dl körsbärstomater, halverade
- 1/2 kopp gurka, tärnad
- 1/2 kopp röd paprika, tärnad
- 1/4 kopp rödlök, tunt skivad
- 1/4 kopp Kalamata oliver, urkärnade
- 4 oz tunt skivad grekisk salami
- 4 oz tunt skivat gyro kött eller grillade kycklingremsor
- 1/4 kopp smulad fetaost
- Salt och svartpeppar efter smak

KLÄ PÅ SIG:
- 1/4 kopp extra virgin olivolja
- 2 msk rödvinsvinäger
- 1 tsk torkad oregano
- 1 vitlöksklyfta, finhackad
- Salta och nymalen svartpeppar efter smak

INSTRUKTIONER:
a) I en stor salladsskål, kombinera de blandade salladsgrönsakerna, körsbärstomaterna, tärnad gurka, tärnad röd paprika, tunt skivad rödlök och Kalamata-oliver.
b) Lägg den tunt skivade grekiska salaminn och gyro-köttet eller grillade kycklingstrimlor ovanpå salladen.
c) Strö smulad fetaost över salladen.
d) I en liten skål, vispa ihop olivolja, rödvinsvinäger, torkad oregano, hackad vitlök, salt och peppar för att göra dressingen.
e) Ringla dressingen över salladen precis innan servering.
f) Kasta försiktigt så att alla ingredienser täcks med dressingen.
g) Servera omedelbart som en grekisk-inspirerad antipastosallad med djärva smaker och medelhavsstil.

19.Rustik charkuteri Antipasto sallad

INGREDIENSER:
- 4 koppar blandad grönsallad (som mesclun mix eller baby kale)
- 1 dl arvegods körsbärstomater, halverade
- 1/2 kopp marinerade kronärtskockshjärtan, i fjärdedelar
- 1/4 kopp urkärnade blandade oliver (som gröna, svarta och Kalamata)
- 1/4 kopp skivad rostad röd paprika
- 4 oz tunt skivad coppa eller capicola
- 4 oz tunt skivad soppressata eller pepperoni
- 1/4 kopp rakad parmesanost
- Salt och svartpeppar efter smak

KLÄ PÅ SIG:
- 1/4 kopp extra virgin olivolja
- 2 msk balsamvinäger
- 1 tsk honung
- 1 tsk dijonsenap
- Salta och nymalen svartpeppar efter smak

INSTRUKTIONER:
a) I en stor salladsskål, kombinera de blandade salladsgrönsakerna, arvegodset körsbärstomater, marinerade kronärtskockshjärtan, blandade oliver och skivad rostad röd paprika.
b) Ordna tunt skivad coppa eller capicola och soppressata eller pepperoni ovanpå salladen.
c) Strö rakad parmesanost över salladen.
d) I en liten skål, vispa ihop olivolja, balsamvinäger, honung, dijonsenap, salt och peppar för att göra dressingen.
e) Ringla dressingen över salladen precis innan servering.
f) Kasta försiktigt så att alla ingredienser täcks med dressingen.
g) Servera genast som en rustik charkuteriantipastosallad med robusta smaker och en touch av sötma från dressingen.

20.Antipastosallad med prosciuttolindad melon

INGREDIENSER:
- 4 koppar blandad grönsallad (som smörsallat och babyspenat)
- 1 kopp cantaloupe eller honungsmelonbollar
- 1/2 dl körsbärstomater, halverade
- 1/4 kopp tunt skivad rödlök
- 1/4 kopp marinerade kronärtskockshjärtan, i fjärdedelar
- 1/4 kopp urkärnade svarta oliver
- 4 oz tunt skivad prosciutto
- 1/4 kopp smulad getost
- Salt och svartpeppar efter smak

KLÄ PÅ SIG:
- 1/4 kopp extra virgin olivolja
- 2 msk vit balsamvinäger
- 1 tsk honung
- 1 tsk dijonsenap
- Salta och nymalen svartpeppar efter smak

INSTRUKTIONER:
a) I en stor salladsskål, kombinera de blandade salladsgrönsakerna, cantaloupe eller honungsmelonbollar, körsbärstomater, tunt skivad rödlök, marinerade kronärtskockshjärtan och urkärnade svarta oliver.
b) Varva varje melonboll med en skiva prosciutto.
c) Ordna de prosciuttolindade melonbollarna ovanpå salladen.
d) Strö smulad getost över salladen.
e) I en liten skål, vispa ihop olivolja, vit balsamvinäger, honung, dijonsenap, salt och peppar för att göra dressingen.
f) Ringla dressingen över salladen precis innan servering.
g) Kasta försiktigt så att alla ingredienser täcks med dressingen.
h) Servera omedelbart som en elegant antipastosallad med en härlig kombination av söta och salta smaker.

PASTASALADER

21.Saucy Cheddar Fusilli sallad

INGREDIENSER:
- 2 msk olivolja
- 6 salladslökar, hackade
- 1 tsk salt
- 3/4 kopp hackad inlagd jalapenopeppar
- 1 (16 oz.) paket fusillipasta
- 1 (2,25 oz.) burk skiva svarta oliver
- 2 pund extra magert nötfärs
- 1 (1,25 oz.) paket tacokrydda mix
- 1 (8 oz.) paket strimlad cheddarost
- 1 (24 oz.) burk mild salsa
- 1 (8 oz.) ranchdressing på flaska
- 1 1/2 röd paprika, hackad

INSTRUKTIONER:
a) Ställ en stor gryta på medelvärme. Fyll den med vatten och rör ner olivoljan med salt.
b) Koka tills det börjar koka.
c) Tillsätt pastan och koka den i 10 min. Ta bort den från vattnet och ställ den åt sidan för att rinna av.
d) Placera en stor panna på medelvärme. Bryn i det nötköttet i 12 min. Kassera överflödigt fett.
e) Tillsätt tacokryddan och blanda dem väl. Lägg blandningen åt sidan för att tappa värmen helt.
f) Skaffa en stor mixerskål: Blanda i den salsa, ranchdressing, paprika, salladslök, jalapenos och svarta oliver.
g) Tillsätt pastan med kokt nötkött, cheddarost och dressingmix. Rör om dem väl. Lägg en bit plastfolie över salladsskålen. Ställ den i kylen i 1 h 15 min.

22. Italiensk kall pastasallad med salami

INGREDIENSER:
- 2 dl rotini pasta, kokt och kyld
- 1/2 lb salami, skivad och skuren i lagom stora bitar
- 1 dl körsbärstomater, halverade
- 1/2 kopp mozzarellabollar (bocconcini)
- 1/4 kopp svarta oliver, skivade
- 1/4 kopp rödlök, finhackad
- 1/4 kopp färsk basilika, hackad
- 3 matskedar extra virgin olivolja
- 2 msk rödvinsvinäger
- Salta och peppra efter smak

INSTRUKTIONER:
a) I en stor skål, kombinera pasta, salami, körsbärstomater, mozzarellabollar, svarta oliver, rödlök och färsk basilika.
b) I en liten skål, vispa ihop olivolja, rödvinsvinäger, salt och peppar.
c) Häll dressingen över pastablandningen och rör tills den är väl täckt.
d) Ställ i kylen minst 1 timme innan servering.

23. Kalk- och tranbärskall pastasallad

INGREDIENSER:
- 2 dl fusilli eller farfallepasta, kokt och kyld
- 1/2 lb kalkonbröst, kokt och tärnad
- 1/2 kopp torkade tranbär
- 1/4 kopp pekannötter, hackade och rostade
- 1/2 dl selleri, finhackad
- 1/4 kopp rödlök, finhackad
- 1/3 kopp majonnäs
- 2 msk dijonsenap
- Salta och peppra efter smak

INSTRUKTIONER:
a) I en stor skål, kombinera pasta, tärnad kalkon, torkade tranbär, pekannötter, selleri och rödlök.
b) Blanda majonnäs, dijonsenap, salt och peppar i en liten skål.
c) Häll dressingen över pastablandningen och rör tills den är väl täckt.
d) Ställ i kylen minst 1 timme innan servering.

24. Kall pastasallad med skinka och cheddar

INGREDIENSER:
- 2 koppar armbågsmakaroner, kokta och kylda
- 1/2 lb skinka, tärnad
- 1 kopp cheddarost, i tärningar
- 1/2 dl körsbärstomater, halverade
- 1/4 kopp röd paprika, tärnad
- 1/4 kopp salladslök, hackad
- 1/3 kopp majonnäs
- 2 msk gräddfil
- 1 msk dijonsenap
- Salta och peppra efter smak

INSTRUKTIONER:
a) I en stor skål, kombinera pasta, tärnad skinka, cheddarost, körsbärstomater, röd paprika och salladslök.
b) I en liten skål, vispa ihop majonnäs, gräddfil, dijonsenap, salt och peppar.
c) Häll dressingen över pastablandningen och rör tills den är väl täckt.
d) Ställ i kylen minst 1 timme innan servering.

25. Kyckling Caesar Kall Pasta Sallad

INGREDIENSER:
- 2 dl pennepasta, kokt och kyld
- 1 lb grillat kycklingbröst, skivat
- 1/2 dl körsbärstomater, halverade
- 1/4 kopp svarta oliver, skivade
- 1/4 kopp riven parmesanost
- 1/4 kopp krutonger, krossade
- 1/2 kopp Caesardressing
- Färsk persilja till garnering
- Salta och peppra efter smak

INSTRUKTIONER:
a) I en stor skål, kombinera pasta, grillad kyckling, körsbärstomater, svarta oliver, parmesanost och krossade krutonger.
b) Tillsätt Caesardressing och blanda tills det är väl blandat.
c) Garnera med färsk persilja.
d) Ställ i kylen minst 1 timme innan servering.

26. Grekisk Orzo Pasta Sallad med Gyro kött

INGREDIENSER:
- 2 dl orzopasta, kokt och kyld
- 1/2 lb gyro kött, skivat
- 1 dl gurka, tärnad
- 1/2 dl körsbärstomater, halverade
- 1/4 kopp rödlök, finhackad
- 1/3 kopp Kalamata oliver, skivade
- 1/2 dl fetaost, smulad
- 3 msk grekisk dressing
- Färsk oregano till garnering
- Salta och peppra efter smak

INSTRUKTIONER:
a) I en stor skål, kombinera orzopasta, skivat gyro kött, gurka, körsbärstomater, rödlök, Kalamata oliver och fetaost.
b) Tillsätt grekisk dressing och blanda tills det är väl blandat.
c) Garnera med färsk oregano.
d) Ställ i kylen minst 1 timme innan servering.

27.Rostbiff och cheddarpastasallad

INGREDIENSER:
- 2 dl fusilli pasta, kokt och kyld
- 1/2 lb rostbiff, tunt skivad och skuren i strimlor
- 1/2 kopp cheddarost, i tärningar
- 1/4 kopp röd paprika, tärnad
- 1/4 kopp grön paprika, tärnad
- 1/4 kopp rödlök, finhackad
- 1/3 kopp krämig pepparrotsdressing
- Salta och peppra efter smak

INSTRUKTIONER:
a) I en stor skål, kombinera pasta, rostbiff, cheddarost, röd paprika, grön paprika och rödlök.
b) Tillsätt krämig pepparrotsdressing och rör tills den är väl täckt.
c) Krydda med salt och peppar efter smak.
d) Ställ i kylen minst 1 timme innan servering.

28.Bacon Ranch kall kycklingpastasallad

INGREDIENSER:
- 2 dl rotini pasta, kokt och kyld
- 1 lb kokt kycklingbröst, tärnad
- 1/2 dl bacon, kokt och smulad
- 1/2 dl körsbärstomater, halverade
- 1/4 kopp rödlök, finhackad
- 1/2 kopp cheddarost, strimlad
- 1/3 kopp ranchdressing
- Färsk gräslök till garnering
- Salta och peppra efter smak

INSTRUKTIONER:
a) I en stor skål, kombinera pasta, tärnad kyckling, bacon, körsbärstomater, rödlök och cheddarost.
b) Tillsätt ranchdressing och rör tills det är väl blandat.
c) Garnera med färsk gräslök.
d) Ställ i kylen minst 1 timme innan servering.

29.Italiensk Antipasto pastasallad

INGREDIENSER:
- 2 koppar bowtie pasta, kokt och kyld
- 1/2 lb salami, skivad och skuren i strimlor
- 1/2 kopp provoloneost, i tärningar
- 1/4 kopp svarta oliver, skivade
- 1/4 kopp gröna oliver, skivade
- 1/4 kopp rostad röd paprika, hackad
- 1/4 kopp kronärtskockshjärtan, hackad
- 1/3 kopp italiensk dressing
- Färsk basilika till garnering
- Salta och peppra efter smak

INSTRUKTIONER:
a) Kombinera pasta, salami, provoloneost, svarta oliver, gröna oliver, rostad röd paprika och kronärtskockshjärtan i en stor skål.
b) Tillsätt italiensk dressing och rör tills det är väl täckt.
c) Garnera med färsk basilika.
d) Ställ i kylen minst 1 timme innan servering.

30. Rökt kalkon och avokadopastasallad

INGREDIENSER:
- 2 dl pennepasta, kokt och kyld
- 1/2 lb rökt kalkon, tärnad
- 1 avokado, tärnad
- 1/2 dl körsbärstomater, halverade
- 1/4 kopp rödlök, finhackad
- 1/4 kopp fetaost, smulad
- 2 matskedar färsk koriander, hackad
- Saften av 2 limefrukter
- 3 matskedar olivolja
- Salta och peppra efter smak

INSTRUKTIONER:
a) I en stor skål, kombinera pasta, tärnad rökt kalkon, tärnad avokado, körsbärstomater, rödlök, fetaost och koriander.
b) Ringla över limejuice och olivolja.
c) Rör om tills det är väl blandat.
d) Krydda med salt och peppar efter smak.
e) Ställ i kylen minst 1 timme innan servering.

31.Grillad korv och grönsakspastasallad

INGREDIENSER:
- 2 dl rotini pasta, kokt och kyld
- 1/2 lb grillad korv, skivad
- 1 kopp zucchini, tärnad
- 1 dl körsbärstomater, halverade
- 1/2 kopp röd paprika, tärnad
- 1/4 kopp rödlök, finhackad
- 1/3 kopp balsamvinägrett
- Färsk basilika till garnering
- Salta och peppra efter smak

INSTRUKTIONER:
a) I en stor skål, kombinera pasta, grillad korv, zucchini, körsbärstomater, röd paprika och rödlök.
b) Tillsätt balsamvinägrett och rör tills det är väl täckt.
c) Garnera med färsk basilika.
d) Krydda med salt och peppar efter smak.
e) Ställ i kylen minst 1 timme innan servering.

32.Räkor och avokado kall pastasallad

INGREDIENSER:
- 2 dl rotini pasta, kokt och kyld
- 1/2 lb kokta räkor, skalade och rensade
- 1 avokado, tärnad
- 1/2 dl körsbärstomater, halverade
- 1/4 kopp rödlök, finhackad
- 1/4 kopp gurka, tärnad
- 2 matskedar färsk koriander, hackad
- Saften av 2 limefrukter
- 3 matskedar olivolja
- Salta och peppra efter smak

INSTRUKTIONER:
a) I en stor skål, kombinera pasta, kokta räkor, tärnad avokado, körsbärstomater, rödlök, gurka och koriander.
b) Ringla över limejuice och olivolja.
c) Rör om tills det är väl blandat.
d) Krydda med salt och peppar efter smak.
e) Ställ i kylen minst 1 timme innan servering.

33.Pastrami och schweizisk kall pastasallad

INGREDIENSER:
- 2 dl pennepasta, kokt och kyld
- 1/2 lb pastrami, skivad och skär i strimlor
- 1/2 kopp schweizerost, i tärningar
- 1/4 kopp dill pickles, hackad
- 1/4 kopp rödlök, finhackad
- 1/3 kopp majonnäs
- 2 msk dijonsenap
- Salta och peppra efter smak

INSTRUKTIONER:
a) I en stor skål kombinerar du pasta, pastrami, schweizisk ost, dillgurka och rödlök.
b) Blanda majonnäs, dijonsenap, salt och peppar i en liten skål.
c) Häll dressingen över pastablandningen och rör tills den är väl täckt.
d) Ställ i kylen minst 1 timme innan servering.

34. Tonfisk och vita bönor kall pastasallad

INGREDIENSER:
- 2 dl fusilli pasta, kokt och kyld
- 1 burk (15 oz) vita bönor, avrunna och sköljda
- 1 burk (5 oz) tonfisk, avrunnen och flingad
- 1/2 dl körsbärstomater, halverade
- 1/4 kopp rödlök, finhackad
- 1/4 kopp svarta oliver, skivade
- 2 msk färsk persilja, hackad
- 3 msk rödvinsvinäger
- 2 matskedar olivolja
- Salta och peppra efter smak

INSTRUKTIONER:
a) I en stor skål, kombinera pasta, vita bönor, tonfisk, körsbärstomater, rödlök, svarta oliver och persilja.
b) I en liten skål, vispa ihop rödvinsvinäger, olivolja, salt och peppar.
c) Häll dressingen över pastablandningen och rör tills den är väl täckt.
d) Ställ i kylen minst 1 timme innan servering.

35.B BQ kyckling och majspastasallad

INGREDIENSER:
- 2 koppar bowtie pasta, kokt och kyld
- 1 lb grillat kycklingbröst, tärnat
- 1 kopp majskärnor, kokta (färska eller frysta)
- 8 remsor bacon kokt
- 1/4 kopp rödlök, finhackad
- 1/4 kopp koriander, hackad
- 1/3 kopp barbecuesås
- 2 msk majonnäs
- Salta och peppra efter smak

INSTRUKTIONER:
a) I en stor skål, kombinera pasta, tärnad grillad kyckling, majs, bacon, rödlök och koriander.
b) I en liten skål, blanda ihop barbecuesås och majonnäs.
c) Häll dressingen över pastablandningen och rör tills den är väl täckt.
d) Krydda med salt och peppar efter smak.
e) Ställ i kylen minst 1 timme innan servering.

36. Italiensk korv och paprika pastasallad

INGREDIENSER:
- 2 dl rotini pasta, kokt och kyld
- 1/2 lb italiensk korv, grillad och skivad
- 1/2 kopp paprika (sorterade färger), skivad
- 1/4 kopp rödlök, finhackad
- 1/4 kopp svarta oliver, skivade
- 1/3 kopp italiensk dressing
- Färsk basilika till garnering
- Salta och peppra efter smak

INSTRUKTIONER:
a) I en stor skål, kombinera pasta, grillad italiensk korv, paprika, rödlök och svarta oliver.
b) Tillsätt italiensk dressing och blanda tills det är väl blandat.
c) Garnera med färsk basilika.
d) Krydda med salt och peppar efter smak.
e) Ställ i kylen minst 1 timme innan servering.

37. Copycat Ruby Tuesday Pasta Sallad

INGREDIENSER:
- 10 uns frysta ärtor
- 1 pund rotini nudlar
- ¼ kopp kärnmjölk
- 2 msk ranchkrydda
- ½ tsk vitlökssalt
- ½ tsk svartpeppar
- Parmesan, till garnering
- 2 dl majonnäs
- 8 uns skinka, tärnad

INSTRUKTIONER
PASTASALLAD
a) Förbered rotini nudlarna enligt instruktionerna på kartongen.
b) För att stoppa tillagningsprocessen, låt rinna av noggrant och skölj med kallt vatten.
c) Efter sköljning, se till att det rinner av mycket väl.

KLÄ PÅ SIG
d) Kombinera majonnäs, kärnmjölk, ranchkrydda, vitlökssalt och svartpeppar.

ATT BYGGA IHOP
e) Kombinera pasta, skinka och frysta ärtor i en serveringsform.
f) Tillsätt dressingen och rör om tills den är jämnt fördelad.
g) Ställ i kylen i minst en timme så att smakerna smälter.
h) Rör om ordentligt innan du serverar den med riven parmesan på toppen.

38.Ostig Pepperoni Rotini sallad

INGREDIENSER:
- 1 (16 oz.) paket trefärgad rotinipasta
- 1 (8 oz.) paket mozzarellaost
- 1/4 lb. skivad pepperonikorv
- 1 kopp färsk broccolibuketter
- 1 (16 oz.) flaska italiensk sallad
- 1 (6 oz.) burk svarta oliver, avrunna
- klä på sig

INSTRUKTIONER:
a) Koka pastan enligt anvisningarna på förpackningen.
b) Skaffa en stor blandningsskål: Häll i pastan, pepperoni, broccoli, oliver, ost och dressing.
c) Justera kryddningen på salladen och ställ den i kylen i 1 h 10 min. Servera den.

39. Gorgonzola pastasallad

INGREDIENSER:
- 1 (16 oz.) paket penne pasta
- 1/2 kopp rapsolja
- 2 msk rapsolja
- 1/4 kopp valnötsolja
- 2 C. färsk spenat - sköljd, torkad och riven i lagom stora bitar
- 1/3 kopp champagnevinäger
- 2 matskedar honung
- 1 liten grön paprika, skuren i 1 tums bitar
- 2 C. smulad Gorgonzola ost
- 1 C. hackade valnötter
- 1 liten röd paprika, skuren i 1 tums bitar
- 1 liten gul paprika, skuren i 1 tums bitar

INSTRUKTIONER:
a) Koka pastan enligt anvisningarna på förpackningen.
b) Placera en stor panna på medelvärme. Koka spenaten i den med en skvätt vatten i 2 till 3 minuter eller tills den vissnar.
c) Skaffa en stor blandningsskål: Häll i den spenat, grön paprika, röd paprika, gul paprika och kyld pasta.
d) Skaffa en liten blandningsskål: Blanda i den 1/2 kopp rapsolja, valnötsolja, vinäger och honung. Blanda dem väl.
e) Ringla dressingen över pastasalladen. Toppa den med valnötter och gorgonzolaost och servera den sedan.

40. Romano Linguine pastasallad

INGREDIENSER:
- 1 (8 oz.) paket linguinepasta
- 1/2 tsk röd paprikaflingor
- 1 (12 oz.) påse broccolibuktor, skurna i lagom stora bitar
- 1/4 tsk mald svartpeppar
- salt att smaka
- 1/4 kopp olivolja
- 4 tsk finhackad vitlök
- 1/2 dl finstrimlad romanost
- 2 msk finhackad färsk plattbladspersilja

INSTRUKTIONER:
a) Koka pastan enligt anvisningarna på förpackningen.
b) Koka upp en kastrull med vatten. Lägg en ångbåt ovanpå. Ånga i den broccolin med locket på i 6 min
c) Ställ en kastrull på medelvärme. Hetta upp oljan i den. Fräs vitlöken med pepparflingor i 2 min.
d) Skaffa en stor blandningsskål: Överför till den den sauterade vitlöksblandningen med pasta, broccoli, romanost, persilja, svartpeppar och salt. Blanda dem väl.
e) Justera kryddningen på salladen. Servera den direkt.
f) Njut av.

41.Minty Feta och Orzo sallad

INGREDIENSER:
- 1 1/4 kopp orzo pasta
- 1 liten rödlök, tärnad
- 6 matskedar olivolja, delad
- 1/2 kopp finhackade färska myntablad
- 3/4 kopp torkade bruna linser, sköljda och avrunna
- 1/2 kopp hackad färsk dill
- salt och peppar efter smak
- 1/3 kopp rödvinsvinäger
- 3 vitlöksklyftor, hackade
- 1/2 kopp Kalamata-oliver, urkärnade och hackade
- 1 1/2 dl smulad fetaost

INSTRUKTIONER:
a) Koka pastan enligt anvisningarna på förpackningen.
b) Koka upp en stor saltad kastrull med vatten. Koka linserna i det tills det börjar koka.
c) Sänk värmen och lägg på locket. Koka linserna i 22 minuter. Ta bort dem från vattnet.
d) Skaffa en liten blandningsskål: Blanda i den olivolja, vinäger och vitlök. Vispa dem väl för att göra dressingen.
e) Skaffa en stor blandningsskål: Häll linser, dressing, oliver, fetaost, rödlök, mynta och dill i den, med salt och peppar.
f) Linda en plastfolie på salladsskålen och ställ den i kylen i 2 h 30 minuter. Justera kryddningen på salladen och servera den sedan.
g) Njut av.

42. Nötig Gorgonzola-pastasallad

INGREDIENSER:
- 2 lb. ryggbiffspetsar, i tärningar
- 1/2 kopp rött vin
- 1/2 gul lök, hackad
- 1 (1,25 oz.) paket nötkött med löksoppa mix
- 2 (10,75 oz.) burkar kondenserad grädde av svampsoppa
- 2 (16 oz.) förpackningar äggnudlar
- 1 dl mjölk

INSTRUKTIONER:
a) Värm en stor stekpanna på medelhög värme och fräs nötköttet och löken i ca 5
b) minuter.
c) Blanda under tiden ihop svampsoppa, vin, mjölk och soppmix i en skål.
d) Lägg blandningen i stekpannan och låt koka upp.
e) Sänk värmen till låg och låt sjuda under lock i ca 2 timmar.
f) Sänk värmen till lägsta inställningen och låt sjuda under lock i cirka 4 timmar.
g) Koka äggnudlarna i en stor kastrull med lättsaltat kokande vatten i cirka 5 minuter.
h) Dränera väl.
i) Lägg köttblandningen över nudlarna och servera.

43.Färsk citronpastasallad

INGREDIENSER:
- 1 (16 oz.) paket trefärgad rotinipasta
- 1 nypa salt och mald svartpeppar efter smak
- 2 tomater, kärnade och tärnade
- 2 gurkor - skalade, kärnade och tärnade
- 1 avokado, tärnad
- 1 pressa citronsaft
- 1 (4 oz.) burk skivade svarta oliver
- 1/2 kopp italiensk dressing, eller mer efter smak
- 1/2 dl riven parmesanost

INSTRUKTIONER:
a) Koka pastan enligt anvisningarna på förpackningen.
b) Skaffa en stor mixerskål: Blanda i den pasta, tomater, gurkor, oliver, italiensk dressing, parmesanost, salt och peppar. Rör om dem väl.
c) Ställ pastan i kylen i 1 h 15 minuter.
d) Skaffa en liten blandningsskål: Rör i citronsaften med avokado. Kasta avokadon med pastasallad och servera den sedan.
e) Njut av.

44. Tortellinisallad med tre ostar

INGREDIENSER:
- 1 lb trefärgad osttortellini, tillagad och kyld
- 1 kopp mozzarellaost, i tärningar
- 1/2 dl fetaost, smulad
- 1/4 kopp riven parmesanost
- 1 dl körsbärstomater, halverade
- 1/4 kopp rödlök, finhackad
- 1/4 kopp färsk basilika, hackad
- 1/3 kopp balsamvinägrettdressing

INSTRUKTIONER:
a) I en stor skål, kombinera tortellini, mozzarella, fetaost, parmesan, körsbärstomater, rödlök och färsk basilika.
b) Ringla balsamvinägretten över salladen och blanda ihop.
c) Ställ i kylen minst 1 timme innan servering.

45.Pesto och soltorkad tomat Penne sallad

INGREDIENSER:
- 2 dl pennepasta, kokt och kyld
- 1/2 dl soltorkade tomater, hackade
- 1/2 dl riven parmesanost
- 1/3 kopp pinjenötter, rostade
- 1 dl babyspenat
- 1/2 kopp pestosås
- Salta och peppra efter smak

INSTRUKTIONER:
a) I en stor skål, kombinera pennepasta, soltorkade tomater, parmesanost, pinjenötter och babyspenat.
b) Tillsätt pestosåsen och rör tills allt är väl täckt.
c) Krydda med salt och peppar efter smak.
d) Ställ i kylen i minst 1 timme innan servering.

46.Cheddar och Broccoli Bowtie Pasta Sallad

INGREDIENSER:
- 2 koppar bowtie pasta, kokt och kyld
- 1 kopp skarp cheddarost, strimlad
- 1 kopp broccolibuktor, blancherade och hackade
- 1/4 kopp rödlök, finhackad
- 1/2 kopp majonnäs
- 2 matskedar vit vinäger
- 1 matsked socker
- Salta och peppra efter smak

INSTRUKTIONER:
a) I en stor skål, kombinera bowtie pasta, cheddarost, broccoli och rödlök.
b) I en separat skål, vispa samman majonnäs, vit vinäger, socker, salt och peppar.
c) Häll dressingen över pastablandningen och rör tills den är jämnt täckt.
d) Ställ i kylen minst 1 timme innan servering.

47. Grillad tofu och sesamnudelsallad

INGREDIENSER:
- 2 koppar sobanudlar, kokta och kylda
- 1 block extra fast tofu, grillad och tärnad
- 1 kopp snapsärtor, blancherade och skivade
- 1/2 kopp strimlade morötter
- 1/4 kopp salladslök, hackad
- 2 msk sesamfrön, rostade
- 1/3 kopp sojasås
- 2 msk sesamolja
- 1 msk risvinäger
- 1 msk honung

INSTRUKTIONER:
a) Grilla tofun tills den har grillmärken och tärna den sedan.
b) I en stor skål, kombinera sobanudlar, grillad tofu, snapsärtor, strimlade morötter, salladslök och sesamfrön.
c) I en liten skål, vispa ihop sojasås, sesamolja, risvinäger och honung.
d) Häll dressingen över nudelblandningen och rör tills den är väl täckt.
e) Ställ i kylen minst 1 timme innan servering.

48.Grillad pilgrimsmussla och sparrispastasallad

INGREDIENSER:
- 2 koppar bowtie pasta, kokt och kyld
- 1 lb pilgrimsmusslor, grillade
- 1 dl sparris, grillad och hackad
- 1/4 kopp soltorkade tomater, hackade
- 1/4 kopp färsk basilika, hackad
- 3 matskedar extra virgin olivolja
- Saften av 2 citroner
- Salta och peppra efter smak

INSTRUKTIONER:
a) Grilla pilgrimsmusslor tills de har grillmärken.
b) Grilla sparrisen tills den är mjuk och skär i lagom stora bitar.
c) I en stor skål, kombinera pasta, grillade pilgrimsmusslor, grillad sparris, soltorkade tomater och färsk basilika.
d) I en liten skål, vispa ihop olivolja och citronsaft.
e) Häll dressingen över pastablandningen och blanda tills det är väl blandat.
f) Krydda med salt och peppar efter smak.
g) Ställ i kylen minst 1 timme innan servering.

49.Tonfisk och kronärtskocka pastasallad

INGREDIENSER:
- 2 dl fusilli pasta, kokt och kyld
- 1 burk (6 oz) tonfisk, avrunnen och flingad
- 1 dl körsbärstomater, halverade
- 1/2 kopp marinerade kronärtskockshjärtan, hackade
- 1/4 kopp svarta oliver, skivade
- 2 msk kapris
- 1/4 kopp rödlök, finhackad
- 2 msk färsk persilja, hackad
- 3 matskedar olivolja
- 2 msk rödvinsvinäger
- Salta och peppra efter smak

INSTRUKTIONER:
a) I en stor skål, kombinera pasta, tonfisk, körsbärstomater, kronärtskockshjärtan, oliver, kapris, rödlök och persilja.
b) I en liten skål, vispa ihop olivolja, rödvinsvinäger, salt och peppar.
c) Häll dressingen över pastablandningen och blanda tills det är väl blandat.
d) Ställ i kylen minst 1 timme innan servering.

50.Räk- och avokadopastasallad

INGREDIENSER:
- 2 dl pennepasta, kokt och kyld
- 1 lb kokta räkor, skalade och deveirade
- 2 avokado, tärnade
- 1 dl körsbärstomater, halverade
- 1/4 kopp rödlök, finhackad
- 1/4 kopp färsk koriander, hackad
- Saften av 2 limefrukter
- 3 matskedar olivolja
- Salta och peppra efter smak

INSTRUKTIONER:
a) I en stor skål, kombinera pasta, räkor, avokado, körsbärstomater, rödlök och koriander.
b) Ringla över limejuice och olivolja och smaka av med salt och peppar.
c) Rör om tills det är väl blandat.
d) Ställ i kylen minst 1 timme innan servering.

51.Rökt lax och dillpastasallad

INGREDIENSER:
- 2 dl rotini pasta, kokt och kyld
- 4 oz rökt lax, hackad
- 1/2 kopp gurka, tärnad
- 1/4 kopp rödlök, finhackad
- 2 msk kapris
- 1/4 kopp färsk dill, hackad
- 1/3 kopp vanlig grekisk yoghurt
- Saften av 1 citron
- Salta och peppra efter smak

INSTRUKTIONER:
a) I en stor skål, kombinera pasta, rökt lax, gurka, rödlök, kapris och dill.
b) Blanda ihop grekisk yoghurt och citronsaft i en liten skål.
c) Häll yoghurtblandningen över pastan och rör tills den är väl täckt.
d) Krydda med salt och peppar efter smak.
e) Ställ i kylen minst 1 timme innan servering.

52. Krabba- och mangopastasallad

INGREDIENSER:
- 2 dl farfallepasta, kokt och kyld
- 1 lb krabbkött, plockat över
- 1 mango, tärnad
- 1/2 kopp röd paprika, tärnad
- 1/4 kopp rödlök, finhackad
- 1/4 kopp färsk koriander, hackad
- Saften av 2 limefrukter
- 3 matskedar majonnäs
- Salta och peppra efter smak

INSTRUKTIONER:
a) Kombinera pasta, krabbkött, mango, röd paprika, rödlök och koriander i en stor skål.
b) I en liten skål, vispa ihop limejuice och majonnäs.
c) Häll dressingen över pastablandningen och blanda tills det är väl blandat.
d) Krydda med salt och peppar efter smak.
e) Ställ i kylen minst 1 timme innan servering.

53. Tropisk frukt och räkor pastasallad

INGREDIENSER:
- 2 dl fusilli pasta, kokt och kyld
- 1/2 lb kokta räkor, skalade och rensade
- 1 kopp ananasbitar
- 1 dl mango, tärnad
- 1/2 kopp röd paprika, tärnad
- 1/4 kopp rödlök, finhackad
- 1/3 kopp kokosflingor
- 3 msk limejuice
- 2 matskedar honung
- Salta och peppra efter smak

INSTRUKTIONER:
a) I en stor skål, kombinera pasta, kokta räkor, ananasbitar, mango, röd paprika, rödlök och kokosflingor.
b) I en liten skål, vispa ihop limejuice och honung.
c) Häll dressingen över pastablandningen och rör tills den är väl täckt.
d) Krydda med salt och peppar efter smak.
e) Ställ i kylen minst 1 timme innan servering.

54.Bär- och fetapastasallad

INGREDIENSER:
- 2 koppar bowtie pasta, kokt och kyld
- 1 dl jordgubbar, skivade
- 1/2 dl blåbär
- 1/2 kopp hallon
- 1/2 dl fetaost, smulad
- 1/4 kopp färsk mynta, hackad
- 3 msk balsamicoglasyr
- 3 matskedar olivolja
- Salta och peppra efter smak

INSTRUKTIONER:
a) I en stor skål, kombinera pasta, jordgubbar, blåbär, hallon, fetaost och färsk mynta.
b) Ringla över balsamicoglasyr och olivolja.
c) Rör om tills det är väl blandat.
d) Krydda med salt och peppar efter smak.
e) Ställ i kylen minst 1 timme innan servering.

55.Citrus- och avokadopastasallad

INGREDIENSER:
- 2 dl rotini pasta, kokt och kyld
- 1 apelsin, segmenterad
- 1 grapefrukt, segmenterad
- 1 avokado, tärnad
- 1/4 kopp rödlök, finhackad
- 2 matskedar färsk koriander, hackad
- 3 msk apelsinjuice
- 2 msk limejuice
- 3 matskedar olivolja
- Salta och peppra efter smak

INSTRUKTIONER:
a) I en stor skål, kombinera pasta, apelsinsegment, grapefruktsegment, tärnad avokado, rödlök och koriander.
b) I en liten skål, vispa samman apelsinjuice, limejuice och olivolja.
c) Häll dressingen över pastablandningen och rör tills den är väl täckt.
d) Krydda med salt och peppar efter smak.
e) Ställ i kylen minst 1 timme innan servering.

56. Vattenmelon och fetapastasallad

INGREDIENSER:
- 2 koppar penne eller makaronpasta, kokt och kyld
- 2 dl vattenmelon, tärnad
- 1/2 kopp gurka, tärnad
- 1/4 kopp rödlök, finhackad
- 1/2 dl fetaost, smulad
- 2 msk färsk mynta, hackad
- 3 msk balsamicoglasyr
- 3 matskedar olivolja
- Salta och peppra efter smak

INSTRUKTIONER:
a) I en stor skål, kombinera pasta, vattenmelon, gurka, rödlök, fetaost och färsk mynta.
b) Ringla över balsamicoglasyr och olivolja.
c) Rör om tills det är väl blandat.
d) Krydda med salt och peppar efter smak.
e) Ställ i kylen minst 1 timme innan servering.

57. Mango och svarta bönor pastasallad

INGREDIENSER:
- 2 dl farfallepasta, kokt och kyld
- 1 mango, tärnad
- 1 dl svarta bönor, sköljda och avrunna
- 1 kopp majs rostad (valfritt)
- 1/2 kopp röd paprika, tärnad
- 1/4 kopp rödlök, finhackad
- 2 matskedar färsk koriander, hackad
- 3 msk limejuice
- 2 matskedar olivolja
- 1 tsk spiskummin
- Salta och peppra efter smak

INSTRUKTIONER:
a) I en stor skål, kombinera pasta, tärnad mango, svarta bönor, majs, röd paprika, rödlök och koriander.
b) I en liten skål, vispa ihop limejuice, olivolja, spiskummin, salt och peppar.
c) Häll dressingen över pastablandningen och rör tills den är väl täckt.
d) Ställ i kylen minst 1 timme innan servering.

58. Äppel- och valnötpastasallad

INGREDIENSER:
- 2 dl pennepasta, kokt och kyld
- 2 äpplen, tärnade
- 1/2 dl selleri, finhackad
- 1/4 kopp valnötter, hackade och rostade
- 1/4 kopp russin
- 1/3 kopp grekisk yoghurt
- 2 msk majonnäs
- 1 msk honung
- 1/2 tsk kanel
- Salt att smaka

INSTRUKTIONER:
a) I en stor skål, kombinera pasta, tärnade äpplen, selleri, valnötter och russin.
b) Blanda ihop grekisk yoghurt, majonnäs, honung, kanel och en nypa salt i en liten skål.
c) Häll dressingen över pastablandningen och rör tills den är väl täckt.
d) Ställ i kylen minst 1 timme innan servering.

59.Pastasallad med ananas och skinka

INGREDIENSER:
- 2 dl torkad pasta, kokt och kyld
- 1 kopp ananasbitar
- 1/2 kopp skinka, tärnad
- 1/4 kopp röd paprika, tärnad
- 1/4 kopp salladslök, hackad
- 1/3 kopp majonnäs
- 2 msk dijonsenap
- 1 msk honung
- Salta och peppra efter smak

INSTRUKTIONER:
a) I en stor skål, kombinera pasta, ananasbitar, tärnad skinka, röd paprika och salladslök.
b) I en liten skål, vispa ihop majonnäs, dijonsenap, honung, salt och peppar.
c) Häll dressingen över pastablandningen och rör tills den är väl täckt.
d) Ställ i kylen minst 1 timme innan servering.

60.Citrusbärpastasallad

INGREDIENSER:
- 2 koppar bowtie pasta, kokt och kyld
- 1 dl blandade bär (jordgubbar, blåbär, hallon)
- 1 apelsin, segmenterad
- 1/4 kopp färsk mynta, hackad
- 2 matskedar honung
- 2 msk apelsinjuice
- 1 msk limejuice
- Salt att smaka

INSTRUKTIONER:
a) I en stor skål, kombinera pasta, blandade bär, apelsinsegment och färsk mynta.
b) I en liten skål, vispa ihop honung, apelsinjuice, limejuice och en nypa salt.
c) Häll dressingen över pastablandningen och rör tills den är väl täckt.
d) Ställ i kylen minst 1 timme innan servering.

61.Kiwi-, jordgubbs- och rotinipastasallad

INGREDIENSER:
- 2 dl rotini pasta, kokt och kyld
- 1 dl jordgubbar, skivade
- 2 kiwi, skalade och tärnade
- 1/4 kopp mandel, skivad och rostad
- 2 msk vallmofröndressing
- 2 msk grekisk yoghurt
- 1 msk honung
- Salt att smaka

INSTRUKTIONER:
a) I en stor skål, kombinera pasta, skivade jordgubbar, tärnad kiwi och rostad mandel.
b) I en liten skål, vispa ihop vallmofröndressing, grekisk yoghurt, honung och en nypa salt.
c) Häll dressingen över pastablandningen och rör tills den är väl täckt.
d) Ställ i kylen minst 1 timme innan servering.

62. Mango Salsa med Farfalle Pasta Sallad

INGREDIENSER:
- 2 dl farfallepasta, kokt och kyld
- 1 mango, tärnad
- 1/2 kopp svarta bönor, sköljda och avrunna
- 1/4 kopp röd paprika, tärnad
- 1/4 kopp rödlök, finhackad
- 2 matskedar färsk koriander, hackad
- 3 msk limejuice
- 2 matskedar olivolja
- 1 tsk spiskummin
- Salta och peppra efter smak

INSTRUKTIONER:
a) I en stor skål, kombinera pasta, tärnad mango, svarta bönor, röd paprika, rödlök och koriander.
b) I en liten skål, vispa ihop limejuice, olivolja, spiskummin, salt och peppar.
c) Häll dressingen över pastablandningen och rör tills den är väl täckt.
d) Ställ i kylen minst 1 timme innan servering.

63. Persika och prosciutto pastasallad

INGREDIENSER:
- 2 dl fusilli pasta, kokt och kyld
- 2 persikor, skivade
- 1/4 kopp prosciutto, tunt skivad
- 1/2 dl mozzarellabollar
- 1/4 kopp rödlök, finhackad
- 3 msk balsamicoglasyr
- 3 matskedar olivolja
- Salta och peppra efter smak

INSTRUKTIONER:
a) I en stor skål, kombinera pasta, skivade persikor, prosciutto, mozzarellabollar och rödlök.
b) Ringla över balsamicoglasyr och olivolja.
c) Rör om tills det är väl blandat.
d) Krydda med salt och peppar efter smak.
e) Ställ i kylen minst 1 timme innan servering.

64. Blåbärs- och getostpastasallad

INGREDIENSER:
- 2 dl pennepasta, kokt och kyld
- 1 dl blåbär
- 1/2 kopp getost, smulad
- 1/4 kopp mandel, skivad och rostad
- 2 matskedar honung
- 2 msk balsamvinäger
- 3 matskedar olivolja
- Salta och peppra efter smak

INSTRUKTIONER:
a) I en stor skål, kombinera pasta, blåbär, getost och rostad mandel.
b) I en liten skål, vispa ihop honung, balsamvinäger, olivolja, salt och peppar.
c) Häll dressingen över pastablandningen och rör tills den är väl täckt.
d) Ställ i kylen minst 1 timme innan servering.

65.Spenat, ärter, hallon och spiralpastasallad

INGREDIENSER:

- 8 oz spiralpasta (tricolor eller fullkornsvete för extra färg och näring)
- 2 dl färska spenatblad, tvättade och rivna
- 1 kopp färska eller frysta ärtor, blancherade och kylda
- 1 dl färska hallon, tvättade
- 1/2 dl fetaost, smulad
- 1/4 kopp rödlök, finhackad
- 1/4 kopp hackade färska myntablad
- 1/4 kopp hackade färska basilikablad
- För **DRESSINGEN:**
- 1/4 kopp olivolja
- 2 msk balsamvinäger
- 1 msk dijonsenap
- 1 msk honung
- Salta och peppra efter smak

INSTRUKTIONER:

a) Koka spiralpastan enligt anvisningarna på förpackningen. Häll av och skölj med kallt vatten för att snabbt svalna. Avsätta.

FÖRBERED DRESSINGEN :

b) I en liten skål, vispa ihop olivolja, balsamvinäger, dijonsenap, honung, salt och peppar. Justera kryddningen efter smak.

SAMLA SALLAD:

c) I en stor mixerskål, kombinera den kokta och kylda spiralpastan, rivna spenatblad, blancherade ärtor, hallon, smulad fetaost, hackad rödlök, mynta och basilika.

d) Häll dressingen över salladsingredienserna.

e) Kasta försiktigt salladen för att säkerställa att alla ingredienser är väl belagda med dressingen. Var noga med att inte krossa hallonen.

f) Täck salladsskålen med plastfolie och låt stå i kylen i minst 30 minuter så att smakerna smälter samman.

g) Innan servering, ge salladen en sista försiktig släng. Du kan garnera med extra myntablad eller ett stänk fetaost om så önskas.

66. Mandarin apelsin och mandelpastasallad

INGREDIENSER:
- 2 dl rotini pasta, kokt och kyld
- 1 burk (11 oz) mandarin apelsiner, avrunnen
- 1/2 kopp skivad mandel, rostad
- 1/4 kopp salladslök, hackad
- 3 matskedar risvinäger
- 2 msk sojasås
- 2 msk sesamolja
- 1 msk honung
- Salta och peppra efter smak

INSTRUKTIONER:
a) I en stor skål, kombinera pasta, mandarin apelsiner, rostade mandlar och salladslök.
b) I en liten skål, vispa ihop risvinäger, sojasås, sesamolja, honung, salt och peppar.
c) Häll dressingen över pastablandningen och rör tills den är väl täckt.
d) Ställ i kylen minst 1 timme innan servering.

67.Pilgrimsmussla och sparrispastasallad

INGREDIENSER:
- 2 dl gemelli pasta, kokt och kyld
- 1 lb pilgrimsmusslor, stekta
- 1 dl sparris, blancherad och hackad
- 1/4 kopp soltorkade tomater, hackade
- 2 msk pinjenötter, rostade
- 1/4 kopp färsk basilika, hackad
- 3 matskedar extra virgin olivolja
- Saften av 1 citron
- Salta och peppra efter smak

INSTRUKTIONER:
a) I en stor skål, kombinera pasta, stekta pilgrimsmusslor, sparris, soltorkade tomater, pinjenötter och basilika.
b) I en liten skål, vispa ihop olivolja och citronsaft.
c) Häll dressingen över pastablandningen och blanda tills det är väl blandat.
d) Krydda med salt och peppar efter smak.
e) Ställ i kylen minst 1 timme innan servering.

68. Citron Vitlök Räkor och Orzo Sallad

INGREDIENSER:
- 2 dl orzopasta, kokt och kyld
- 1 lb stora räkor, kokta och skalade
- 1 dl körsbärstomater, halverade
- 1/2 kopp Kalamata oliver, skivade
- 1/4 kopp rödlök, finhackad
- 2 msk färsk persilja, hackad
- Skal och saft av 2 citroner
- 3 matskedar extra virgin olivolja
- Salta och peppra efter smak

INSTRUKTIONER:
a) I en stor skål, kombinera orzopasta, kokta räkor, körsbärstomater, Kalamata-oliver, rödlök och persilja.
b) I en liten skål, vispa ihop citronskal, citronsaft, olivolja, salt och peppar.
c) Häll dressingen över pastablandningen och rör tills den är väl täckt.
d) Ställ i kylen minst 1 timme innan servering.

69. Vitlök-svamp Fusilli med päronsallad

INGREDIENSER:
- 1 brun lök
- 2 vitlöksklyftor
- 1 paket skivad svamp
- 1 påse vitlök & örtkrydda
- 1 paket lätt matlagningsgrädde
- 1 påse buljongpulver i kycklingstil
- 1 paket fusilli (innehåller gluten; kan finnas: ägg, soja)
- 1 päron
- 1 påse blandade salladsblad
- 1 paket parmesanost
- Olivolja
- 1,75 koppar kokande vatten
- En skvätt vinäger (balsamvin eller vitt vin)

INSTRUKTIONER:
a) Koka vattenkokaren. Finhacka den bruna löken och vitlöken. Värm en stor kastrull på medelhög värme med en rejäl klick olivolja. Koka de skivade svamparna och löken, rör om då och då, tills de precis mjuknat, vilket tar cirka 6-8 minuter. Tillsätt vitlök, vitlök och örtkryddor och koka tills det doftar i cirka 1 minut.
b) Tillsätt lätt matlagningsgrädde, kokande vatten (1 3/4 koppar för 2 personer), kycklingliknande buljongpulver och fusilli. Rör om och låt det koka upp. Sänk värmen till medel, täck med ett lock och koka, rör om då och då, tills pastan är "al dente", vilket tar cirka 11 minuter. Rör igenom rakad parmesanost och smaka av med salt och peppar.
c) Medan pastan kokar skär du päronet tunt. Tillsätt en klick vinäger och olivolja i en medelstor skål. Toppa dressingen med blandade salladsblad och päron. Krydda och blanda ihop.
d) Dela den krämiga svampfusillien i en kruka mellan skålarna. Servera med päronsalladen. Njut av din utsökta måltid!

70.Medelhavet grönsakspastasallad

INGREDIENSER:
- 2 dl pennepasta, kokt och kyld
- 1 dl körsbärstomater, halverade
- 1 gurka, tärnad
- 1/2 kopp Kalamata oliver, skivade
- 1/4 kopp rödlök, finhackad
- 1/2 dl fetaost, smulad
- 1/3 kopp extra virgin olivolja
- 2 msk rödvinsvinäger
- 1 tsk torkad oregano
- Salta och peppra efter smak

INSTRUKTIONER:
a) I en stor skål, kombinera pasta, körsbärstomater, gurka, Kalamata-oliver, rödlök och fetaost.
b) I en liten skål, vispa ihop olivolja, rödvinsvinäger, torkad oregano, salt och peppar.
c) Häll dressingen över pastablandningen och rör tills den är väl täckt.
d) Ställ i kylen minst 1 timme innan servering.

71. Pesto Veggie Spiral Pasta Sallad

INGREDIENSER:
- 2 dl spiralpasta, kokt och kyld
- 1 dl körsbärstomater, halverade
- 1/2 kopp kronärtskockshjärtan, hackad
- 1/2 kopp svarta oliver, skivade
- 1/4 kopp rödlök, finhackad
- 1/3 kopp pestosås
- 3 msk riven parmesanost
- Salta och peppra efter smak

INSTRUKTIONER:
a) I en stor skål, kombinera pasta, körsbärstomater, kronärtskockshjärtan, svarta oliver och rödlök.
b) Tillsätt pestosås och blanda tills det är väl blandat.
c) Strö riven parmesanost över salladen.
d) Krydda med salt och peppar efter smak.
e) Ställ i kylen minst 1 timme innan servering.

72.Rainbow Veggie Pasta Sallad

INGREDIENSER:
- 2 koppar bowtie pasta, kokt och kyld
- 1 kopp broccolibuktor, blancherade
- 1 dl paprika (sorterade färger), tärnad
- 1/2 dl körsbärstomater, halverade
- 1/4 kopp rödlök, finhackad
- 1/3 kopp italiensk dressing
- Färsk basilika till garnering
- Salta och peppra efter smak

INSTRUKTIONER:
a) I en stor skål, kombinera pasta, broccolibuktor, paprika, körsbärstomater och rödlök.
b) Tillsätt italiensk dressing och rör tills det är väl täckt.
c) Garnera med färsk basilika.
d) Krydda med salt och peppar efter smak.
e) Ställ i kylen minst 1 timme innan servering.

73.Asiatisk sesam grönsaksnuddelsallad

INGREDIENSER:
- 2 koppar sobanudlar, kokta och kylda
- 1 dl snöärtor, blancherade och skivade
- 1 kopp strimlade morötter
- 1/2 kopp röd paprika, tunt skivad
- 1/4 kopp salladslök, hackad
- 2 msk sesamfrön, rostade
- 1/3 kopp sojasås
- 2 msk risvinäger
- 1 msk sesamolja
- 1 msk honung

INSTRUKTIONER:
a) I en stor skål, kombinera sobanudlar, snöärter, strimlade morötter, röd paprika, salladslök och sesamfrön.
b) I en liten skål, vispa ihop sojasås, risvinäger, sesamolja och honung.
c) Häll dressingen över nudelblandningen och rör tills den är väl täckt.
d) Ställ i kylen minst 1 timme innan servering.

74.Grekisk Orzo grönsakssallad

INGREDIENSER:
- 2 dl orzopasta, kokt och kyld
- 1 dl gurka, tärnad
- 1 dl körsbärstomater, halverade
- 1/2 kopp Kalamata oliver, skivade
- 1/4 kopp rödlök, finhackad
- 1/2 dl fetaost, smulad
- 3 msk grekisk dressing
- Färsk oregano till garnering
- Salta och peppra efter smak

INSTRUKTIONER:
a) I en stor skål kombinerar du orzopasta, gurka, körsbärstomater, Kalamata-oliver, rödlök och fetaost.
b) Tillsätt grekisk dressing och blanda tills det är väl blandat.
c) Garnera med färsk oregano.
d) Krydda med salt och peppar efter smak.
e) Ställ i kylen minst 1 timme innan servering.

75.Rostad grönsaks- och kikärtspastasallad

INGREDIENSER:
- 2 dl fusilli pasta, kokt och kyld
- 1 dl körsbärstomater, halverade
- 1 kopp zucchini, tärnad
- 1 dl paprika (sorterade färger), tärnad
- 1/2 dl rödlök, finhackad
- 1 burk (15 oz) kikärter, avrunna och sköljda
- 3 msk balsamvinägrett
- 3 matskedar olivolja
- 2 msk färsk basilika, hackad
- Salta och peppra efter smak

INSTRUKTIONER:
a) I en stor skål, kombinera pasta, körsbärstomater, zucchini, paprika, rödlök och kikärter.
b) I en liten skål, vispa ihop balsamvinägrett, olivolja, basilika, salt och peppar.
c) Häll dressingen över pastablandningen och rör tills den är väl täckt.
d) Ställ i kylen minst 1 timme innan servering.

76.Spenat och kronärtskocka Kall pastasallad

INGREDIENSER:
- 2 dl rotini pasta, kokt och kyld
- 1 dl babyspenatblad
- 1 dl kronärtskockshjärtan, hackad
- 1/2 dl körsbärstomater, halverade
- 1/4 kopp rödlök, finhackad
- 1/3 kopp grekisk yoghurt
- 2 msk majonnäs
- 2 msk riven parmesanost
- 1 msk citronsaft
- Salta och peppra efter smak

INSTRUKTIONER:
a) I en stor skål, kombinera pasta, babyspenat, kronärtskockshjärtan, körsbärstomater och rödlök.
b) Blanda ihop grekisk yoghurt, majonnäs, parmesanost, citronsaft, salt och peppar i en liten skål.
c) Häll dressingen över pastablandningen och rör tills den är väl täckt.
d) Ställ i kylen minst 1 timme innan servering.

77.Thailändska jordnötsgrönsaksnudlarsallad

INGREDIENSER:
- 2 koppar risnudlar, kokta och kylda
- 1 kopp broccolibuktor, blancherade
- 1 kopp strimlade morötter
- 1/2 kopp röd paprika, tunt skivad
- 1/4 kopp salladslök, hackad
- 1/4 kopp jordnötter, hackade
- 1/3 kopp jordnötssås
- 2 msk sojasås
- 1 msk limejuice
- 1 msk honung

INSTRUKTIONER:
a) I en stor skål, kombinera risnudlar, broccolibuktor, strimlade morötter, röd paprika, salladslök och jordnötter.
b) I en liten skål, vispa ihop jordnötssås, sojasås, limejuice och honung.
c) Häll dressingen över nudelblandningen och rör tills den är väl täckt.
d) Ställ i kylen minst 1 timme innan servering.

78.Caesar Veggie Pasta Sallad

INGREDIENSER:
- 2 koppar bowtie pasta, kokt och kyld
- 1 dl körsbärstomater, halverade
- 1 dl gurka, tärnad
- 1/2 kopp svarta oliver, skivade
- 1/4 kopp rödlök, finhackad
- 1/4 kopp riven parmesanost
- 1/4 kopp krutonger, krossade
- 1/2 kopp Caesardressing
- Färsk persilja till garnering
- Salta och peppra efter smak

INSTRUKTIONER:
a) I en stor skål, kombinera pasta, körsbärstomater, gurka, svarta oliver, rödlök, parmesanost och krossade krutonger.
b) Tillsätt Caesardressing och blanda tills det är väl blandat.
c) Garnera med färsk persilja.
d) Ställ i kylen minst 1 timme innan servering.

79. Pastasallad med hummer och mango

INGREDIENSER:
- 2 dl pennepasta, kokt och kyld
- 1 lb hummerkött, kokt och hackat
- 1 mango, tärnad
- 1/2 kopp gurka, tärnad
- 1/4 kopp rödlök, finhackad
- 1/4 kopp färsk mynta, hackad
- Saften av 2 limefrukter
- 3 matskedar extra virgin olivolja
- Salta och peppra efter smak

INSTRUKTIONER:
a) Kombinera pasta, hummerkött, mango, gurka, rödlök och mynta i en stor skål.
b) I en liten skål, vispa ihop limejuice, olivolja, salt och peppar.
c) Häll dressingen över pastablandningen och blanda tills det är väl blandat.
d) Ställ i kylen minst 1 timme innan servering.

80.Medelhavs Tzatziki Räkpastasallad

INGREDIENSER:
- 2 dl fusilli pasta, kokt och kyld
- 1 lb kokta räkor, skalade och deveirade
- 1 dl körsbärstomater, halverade
- 1/2 kopp gurka, tärnad
- 1/4 kopp rödlök, finhackad
- 1/3 kopp Kalamata oliver, skivade
- 1/2 dl smulad fetaost
- 1/2 kopp tzatzikisås
- Färsk dill till garnering
- Salta och peppra efter smak

INSTRUKTIONER:
a) I en stor skål, kombinera pasta, kokta räkor, körsbärstomater, gurka, rödlök, oliver och fetaost.
b) Tillsätt tzatzikisås och rör om tills det är väl blandat.
c) Krydda med salt och peppar efter smak.
d) Garnera med färsk dill.
e) Ställ i kylen minst 1 timme innan servering.

81.Räk- och körsbärstomatpastasallad

INGREDIENSER:
- ¾ pund räkor, kokade tills de är rosa, cirka 2 minuter, och avrunna
- 12 uns rotini pasta

GRÖNSAKER
- 1 zucchini, hackad
- 2 gula paprikor, i fjärdedelar
- 10 druvtomater, halverade
- ½ tsk salt
- ½ vit lök, tunt skivad
- ¼ kopp svarta oliver, skivade
- 2 koppar babyspenat

KRÄMIG SÅS
- 4 matskedar osaltat smör
- 4 matskedar universalmjöl
- ½ tsk salt
- 1 tsk vitlökspulver
- 1 tsk lökpulver
- 4 matskedar näringsjäst
- 2 dl mjölk
- 2 msk citronsaft

FÖR SERVERING
- Svartpeppar

INSTRUKTIONER
PASTA:
a) Förbered pasta al dente enligt instruktionerna på kartongen.
b) Häll av och lägg sedan åt sidan.

GRÖNSAKER:
c) Sätt en kastrull på måttlig värme och tillsätt lite olja.
d) Under omrörning då och då, koka zucchini, paprika, lök och salt i 8 minuter.
e) Tillsätt tomaterna och koka i ytterligare 3 minuter, eller tills grönsakerna är mjuka.
f) Tillsätt spenaten och koka i cirka 3 minuter eller tills den vissnat.

KRÄMIG SÅS:
g) Smält smöret i en kastrull på måttlig värme.

h) Tillsätt mjölet och vispa försiktigt för att skapa en slät pasta.
i) Tillsätt mjölken och vispa igen.
j) Vispa i resterande såsingredienser och låt sjuda i ca 5 minuter.

ATT BYGGA IHOP:
k) Kombinera kokta räkor, kokt pasta, grönsaker, svarta oliver och krämig sås i en serveringsskål.
l) Garnera med ett strö knäckt svartpeppar.

82.Nötig tonfisk och pastasallad

INGREDIENSER:
- 1 huvud broccoli, delad i buketter
- 8 stora svarta oliver, skivade
- 1 lb penne pasta
- 1/2 kopp valnötsbitar, rostade
- 1 pund färska tonfiskbiffar
- 4 vitlöksklyftor, hackade
- 1/4 kopp vatten
- 2 msk hackad färsk persilja
- 2 matskedar färsk citronsaft
- 4 ansjovisfiléer, sköljda
- 1/4 kopp vitt vin
- 3/4 kopp olivolja
- 4 medelstora tomater, i fjärdedelar
- 1 lb. mozzarellaost, tärnad

INSTRUKTIONER:
a) Koka pastan enligt anvisningarna på förpackningen.
b) Koka upp en saltad kastrull med vatten. Koka broccolin i den i 5 minuter. Ta bort den från vattnet och ställ den åt sidan.
c) Placera en stor panna på medelvärme. Rör i det tonfisken i en med vatten, vitt vin och citronsaft. lägg på locket och koka dem tills laxen är klar i ca 8 till 12 minuter.
d) Panera laxfiléerna i bitar.
e) Skaffa en stor blandningsskål: Släng i den den kokta laxfisken med broccoli, penne, fisk, tomater, ost, oliver, valnötter, vitlök och persilja. Blanda dem väl.
f) Placera en stor stekpanna på medelvärme. Hetta upp oljan i den. Skiva ansjovisen i små bitar. Koka dem i den uppvärmda stekpannan tills de smälter i oljan.
g) Rör ner blandningen i pastasalladen och blanda dem väl. Servera din pastasallad direkt.

83. Kycklinganbud & Farfallesallad

INGREDIENSER:
- 6 ägg
- 3 salladslökar, tunt skivade
- 1 (16 oz.) paket farfalle (fluga) pasta
- 1/2 rödlök, hackad
- 1/2 (16 oz.) flaska salladsdressing i italiensk stil
- 6 st kycklingmör
- 1 gurka, skivad
- 4 romansalladshjärtan, tunt skivade
- 1 knippe rädisor, putsade och skivade
- 2 morötter, skalade och skivade

INSTRUKTIONER:
a) Lägg äggen i en stor kastrull och täck dem med vatten. Koka äggen på medelvärme tills de börjar koka.
b) Stäng av värmen och låt äggen stå i 16 minuter. Skölj äggen med lite kallt vatten så att de tappar värme.
c) Skala äggen och skiva dem och lägg dem sedan åt sidan.
d) Lägg kycklingmörerna i en stor kastrull. Täck dem med 1/4 kopp vatten. Koka dem på medelvärme tills kycklingen är klar.
e) Låt kycklingen rinna av och skär dem i små bitar.
f) Skaffa en stor blandningsskål: Häll pasta, kyckling, ägg, gurka, rädisor, morötter, salladslök och rödlök i den. Tillsätt den italienska dressingen och blanda dem igen.
g) Ställ in salladen i kylen i 1 h 15 minuter.
h) Lägg salladshjärtan i serveringsfat. Fördela salladen mellan dem. Servera dem direkt.
i) Njut av.

84. Krämig Penn Pasta Sallad

INGREDIENSER:

- 1 (16 oz.) box mini penne pasta
- 1/3 kopp hackad rödlök
- 1 1/2 lb hackad kokt kyckling
- 1/2 (8 oz.) flaska krämig Caesarsalladsdressing
- 1/2 kopp tärnad grön paprika
- 2 hårdkokta ägg, hackade
- 1/3 kopp riven parmesanost

INSTRUKTIONER:

a) Koka pastan enligt anvisningarna på förpackningen.
b) Skaffa en stor blandningsskål: Häll pasta, kyckling, grön paprika, ägg, parmesanost och rödlök i den.
c) Tillsätt dressingen och rör om väl. Täck skålen och ställ den i kylen i 2 h 15
d) minuter. Justera kryddningen på salladen och servera den.
e) Njut av.

85.Feta och rostad kalkonsallad

INGREDIENSER:
- 1 1/2 kopp olivolja
- 3 koppar kokt pennepasta
- 1/2 kopp rödvinsvinäger
- 1 pint druvtomater, halverade
- 1 msk finhackad färsk vitlök
- 8 oz. smulad fetaost
- 2 tsk torkade oreganoblad
- 1 (5 oz.) paket vårsalladsblandning
- 3 koppar ugnsrostad kalkonbröst, tjocka skivor och tärningar
- 1/2 kopp hackad italiensk persilja
- 1/2 kopp tunt skivad rödlök
- 1 (16 oz.) burk urkärnade Kalamata-oliver, avrunna, hackade

INSTRUKTIONER:
a) Skaffa en liten mixerskål: Blanda i den olivolja, vinäger, vitlök och oregano. Blanda dem väl för att göra vinägretten.
b) Skaffa en stor mixerskål: Häll i resten av ingredienserna. Tillsätt dressingen och blanda dem igen. Justera kryddningen på salladen och servera den sedan.
c) Njut av.

86.Nötig kycklingpastasallad

INGREDIENSER:
- 6 skivor bacon
- 1 (6 oz.) burk marinerade kronärtskockshjärtan, avrunna 10 sparrisspjut, ändarna putsade och grovt hackade
- 1/2 (16 oz.) paket rotini, armbåge eller penne 1 kokt kycklingbröst, tärnad pasta
- 1/4 kopp torkade tranbär
- 3 matskedar majonnäs med låg fetthalt
- 1/4 kopp rostade skivad mandel
- 3 msk balsamvinägrett salladsdressing
- salt och peppar efter smak
- 2 tsk citronsaft
- 1 tsk Worcestershiresås

INSTRUKTIONER:
a) Placera en stor panna på medelvärme. Koka baconet i det tills det blir knaprigt. Ta bort det från överflödigt fett. Smula sönder den och lägg den åt sidan.
b) Koka pastan enligt anvisningarna på förpackningen.
c) Skaffa en liten blandningsskål: Blanda i den majonnäs, balsamvinägrett, citronsaft och Worcestershiresås. Blanda dem väl.
d) Skaffa en stor mixerskål: Häll i den pastan med dressing. Tillsätt kronärtskocka, kyckling, tranbär, mandel, smulad bacon och sparris, en nypa salt och peppar.
e) Rör om dem väl. Kyl salladen i kylen i 1 h 10 min och servera den sedan.
f) Njut av.

87.Kyckling Caesar Pasta Sallad

INGREDIENSER:
- 2 dl rotini pasta, kokt och kyld
- 1 lb grillat kycklingbröst, skivat
- 1 dl körsbärstomater, halverade
- 1/2 kopp svarta oliver, skivade
- 1/4 kopp riven parmesanost
- 1/4 kopp krutonger
- 1/2 kopp Caesardressing
- Färsk persilja till garnering
- Salta och peppra efter smak

INSTRUKTIONER:
a) I en stor skål, kombinera pasta, grillad kyckling, körsbärstomater, svarta oliver, parmesanost och krutonger.
b) Tillsätt Caesardressing och blanda tills det är väl blandat.
c) Garnera med färsk persilja.
d) Ställ i kylen minst 1 timme innan servering.

88. Kalkon och tranbärspastasallad

INGREDIENSER:
- 2 dl fusilli pasta, kokt och kyld
- 1 lb kokt kalkonbröst, tärnad
- 1/2 kopp torkade tranbär
- 1/4 kopp rödlök, finhackad
- 1/2 dl selleri, finhackad
- 1/4 kopp pekannötter, hackade
- 1/2 kopp majonnäs
- 2 msk dijonsenap
- Salta och peppra efter smak

INSTRUKTIONER:
a) I en stor skål, kombinera pasta, tärnad kalkon, torkade tranbär, rödlök, selleri och pekannötter.
b) Blanda majonnäs, dijonsenap, salt och peppar i en liten skål.
c) Häll dressingen över pastablandningen och rör tills den är väl täckt.
d) Ställ i kylen minst 1 timme innan servering.

89.Citronört Grillad Kycklingpastasallad

INGREDIENSER:
- 2 dl pennepasta, kokt och kyld
- 1 lb grillat kycklingbröst, skivat
- 1 dl körsbärstomater, halverade
- 1/2 kopp gurka, tärnad
- 1/4 kopp rödlök, finhackad
- 1/4 kopp fetaost, smulad
- 2 msk färsk persilja, hackad
- Saften av 2 citroner
- 3 matskedar extra virgin olivolja
- Salta och peppra efter smak

INSTRUKTIONER:
a) I en stor skål, kombinera pasta, grillad kyckling, körsbärstomater, gurka, rödlök, fetaost och persilja.
b) I en liten skål, vispa ihop citronsaft, olivolja, salt och peppar.
c) Häll dressingen över pastablandningen och rör tills den är väl täckt.
d) Ställ i kylen minst 1 timme innan servering.

90.Ranch Chicken och Bacon Pasta Sallad

INGREDIENSER:
- 2 koppar bowtie pasta, kokt och kyld
- 1 lb grillat kycklingbröst, tärnat
- 1/2 dl körsbärstomater, halverade
- 1/4 kopp rödlök, finhackad
- 1/2 dl bacon, kokt och smulad
- 1/4 kopp strimlad cheddarost
- 1/2 kopp ranchdressing
- Gräslök till garnering
- Salta och peppra efter smak

INSTRUKTIONER:
a) I en stor skål, kombinera pasta, tärnad grillad kyckling, körsbärstomater, rödlök, bacon och strimlad cheddarost.
b) Tillsätt ranchdressing och rör tills det är väl blandat.
c) Garnera med gräslök.
d) Ställ i kylen minst 1 timme innan servering.

91.Curry kyckling och mango pastasallad

INGREDIENSER:
- 2 dl stor spiralpasta eller farfallepasta, kokt och kyld
- 1 lb kokt kycklingbröst, strimlat
- 1 mango, tärnad
- 1/2 kopp röd paprika, tärnad
- 1/4 kopp rödlök, finhackad
- 1/4 kopp russin
- 1/4 kopp cashewnötter, hackade
- 1/2 kopp majonnäs
- 1 msk currypulver
- Salta och peppra efter smak

INSTRUKTIONER:
a) I en stor skål, kombinera pasta, strimlad kyckling, mango, röd paprika, rödlök, russin och cashewnötter.
b) Blanda majonnäs och currypulver i en liten skål.
c) Häll dressingen över pastablandningen och rör tills den är väl täckt.
d) Krydda med salt och peppar efter smak.
e) Ställ i kylen minst 1 timme innan servering.

92.Grekisk kyckling och orzosallad

INGREDIENSER:
- 2 dl orzopasta, kokt och kyld
- 1 lb grillat kycklingbröst, tärnat
- 1 dl körsbärstomater, halverade
- 1/2 kopp gurka, tärnad
- 1/4 kopp rödlök, finhackad
- 1/3 kopp Kalamata oliver, skivade
- 1/2 dl smulad fetaost
- 1/4 kopp färsk persilja, hackad
- 3 msk grekisk dressing
- Salta och peppra efter smak

INSTRUKTIONER:
a) I en stor skål kombinerar du orzopasta, grillad kyckling, körsbärstomater, gurka, rödlök, Kalamataoliver, fetaost och persilja.
b) Tillsätt grekisk dressing och blanda tills det är väl blandat.
c) Krydda med salt och peppar efter smak.
d) Ställ i kylen minst 1 timme innan servering.

93.Pastasallad med kyckling och svarta bönor

INGREDIENSER:
- 2 dl rotini pasta, kokt och kyld
- 1 lb grillat kycklingbröst, skivat
- 1 burk (15 oz) svarta bönor, sköljda och avrunna
- 1 kopp majskärnor, kokta (färska eller frysta)
- 1/2 kopp röd paprika, tärnad
- 1/4 kopp rödlök, finhackad
- 1/4 kopp färsk koriander, hackad
- Saften av 2 limefrukter
- 3 matskedar olivolja
- 1 tsk spiskummin
- Salta och peppra efter smak

INSTRUKTIONER:
a) I en stor skål, kombinera pasta, grillad kyckling, svarta bönor, majs, röd paprika, rödlök och koriander.
b) I en liten skål, vispa ihop limejuice, olivolja, spiskummin, salt och peppar.
c) Häll dressingen över pastablandningen och blanda tills det är väl blandat.
d) Ställ i kylen minst 1 timme innan servering.

94.Mango Curry Chicken Pasta Sallad

INGREDIENSER:
- 2 dl pennepasta, kokt och kyld
- 1 lb kokt kycklingbröst, strimlat
- 1 mango, tärnad
- 1/2 kopp röd paprika, tärnad
- 1/4 kopp rödlök, finhackad
- 1/4 kopp gyllene russin
- 1/4 kopp cashewnötter, hackade
- 1/2 kopp majonnäs
- 1 msk currypulver
- Salta och peppra efter smak

INSTRUKTIONER:
a) I en stor skål, kombinera pasta, strimlad kyckling, mango, röd paprika, rödlök, russin och cashewnötter.
b) Blanda majonnäs och currypulver i en liten skål.
c) Häll dressingen över pastablandningen och rör tills den är väl täckt.
d) Krydda med salt och peppar efter smak.
e) Ställ i kylen minst 1 timme innan servering.

95. Caprese Chicken Pesto Pasta Sallad

INGREDIENSER:
- 2 dl farfallepasta, kokt och kyld
- 1 lb grillat kycklingbröst, skivat
- 1 dl körsbärstomater, halverade
- 1/2 kopp färska mozzarellabollar
- 1/4 kopp färsk basilika, hackad
- 2 msk pinjenötter, rostade
- 1/3 kopp basilikapesto
- 3 msk balsamicoglasyr
- Salta och peppra efter smak

INSTRUKTIONER:
a) I en stor skål, kombinera pasta, grillad kyckling, körsbärstomater, mozzarellabollar, basilika och pinjenötter.
b) Tillsätt basilikapesto och rör tills det är väl täckt.
c) Ringla över balsamicoglasyr och smaka av med salt och peppar.
d) Ställ i kylen minst 1 timme innan servering.

96.Asiatisk sesam kyckling nudelsallad

INGREDIENSER:
- 2 koppar sobanudlar, kokta och kylda
- 1 lb grillat kycklingbröst, strimlat
- 1 kopp strimlad vitkål
- 1/2 kopp strimlade morötter
- 1/4 kopp röd paprika, tunt skivad
- 1/4 kopp salladslök, hackad
- 2 msk sesamfrön, rostade
- 1/3 kopp sojasås
- 2 msk sesamolja
- 1 msk risvinäger
- 1 msk honung

INSTRUKTIONER:
a) I en stor skål, kombinera sobanudlar, strimlad kyckling, kål, morötter, röd paprika, salladslök och sesamfrön.
b) I en liten skål, vispa ihop sojasås, sesamolja, risvinäger och honung.
c) Häll dressingen över nudelblandningen och rör tills den är väl täckt.
d) Ställ i kylen minst 1 timme innan servering.

97. Citronört Kalkon och Sparris Pasta Sallad

INGREDIENSER:
- 2 dl fusilli pasta, kokt och kyld
- 1 lb kokt kalkonbröst, tärnad
- 1 dl sparris, blancherad och hackad
- 1/2 dl körsbärstomater, halverade
- 1/4 kopp rödlök, finhackad
- 1/4 kopp fetaost, smulad
- Skal och saft av 2 citroner
- 3 matskedar extra virgin olivolja
- 2 msk färsk persilja, hackad
- Salta och peppra efter smak

INSTRUKTIONER:
a) I en stor skål, kombinera pasta, tärnad kalkon, sparris, körsbärstomater, rödlök och fetaost.
b) I en liten skål, vispa ihop citronskal, citronsaft, olivolja, salt och peppar.
c) Häll dressingen över pastablandningen och rör tills den är väl täckt.
d) Garnera med färsk persilja.
e) Ställ i kylen minst 1 timme innan servering.

98.Kyckling och Broccoli Pesto Pasta Sallad

INGREDIENSER:
- 2 dl pennepasta, kokt och kyld
- 1 lb grillat kycklingbröst, skivat
- 1 kopp broccolibuktor, blancherade
- 1/4 kopp soltorkade tomater, hackade
- 1/4 kopp pinjenötter, rostade
- 1/2 kopp parmesanost, riven
- 1/3 kopp basilikapesto
- 3 matskedar extra virgin olivolja
- Salta och peppra efter smak

INSTRUKTIONER:
a) I en stor skål, kombinera pasta, grillad kyckling, broccoli, soltorkade tomater, pinjenötter och parmesanost.
b) Tillsätt basilikapesto och olivolja, rör om tills det är väl blandat.
c) Krydda med salt och peppar efter smak.
d) Ställ i kylen minst 1 timme innan servering.

99.Buffalo Chicken Pasta Sallad

INGREDIENSER:
- 2 dl rotini pasta, kokt och kyld
- 1 lb kokt kycklingbröst, strimlat
- 1/2 dl selleri, finhackad
- 1/4 kopp rödlök, finhackad
- 1/4 kopp ädelost smulas sönder
- 1/3 kopp buffelsås
- 1/4 kopp ranchdressing
- Färsk gräslök till garnering
- Salta och peppra efter smak

INSTRUKTIONER:
a) I en stor skål kombinerar du pasta, strimlad kyckling, selleri, rödlök och ädelostsmulor.
b) I en liten skål, vispa ihop buffelsås och ranchdressing.
c) Häll dressingen över pastablandningen och rör tills den är väl täckt.
d) Garnera med färsk gräslök.
e) Ställ i kylen minst 1 timme innan servering.

100.Tranbärsvalnötskycklingpastasallad

INGREDIENSER:
- 2 dl farfallepasta, kokt och kyld
- 1 lb kokt kycklingbröst, tärnad
- 1/2 kopp torkade tranbär
- 1/4 kopp valnötter, hackade och rostade
- 1/2 dl selleri, finhackad
- 1/4 kopp rödlök, finhackad
- 1/2 kopp majonnäs
- 2 msk dijonsenap
- Salta och peppra efter smak

INSTRUKTIONER:
a) I en stor skål, kombinera pasta, tärnad kyckling, torkade tranbär, valnötter, selleri och rödlök.
b) Blanda majonnäs, dijonsenap, salt och peppar i en liten skål.
c) Häll dressingen över pastablandningen och rör tills den är väl täckt.
d) Ställ i kylen minst 1 timme innan servering.

SLUTSATS

När vi kommer till slutet av "DEN HANTVERKARE ANTIPASTO SALADER KOKBOKEN", hoppas vi att du har njutit av att utforska det mångsidiga utbudet av antipastosalladsinspirationer från stränderna i Italien, Grekland och utanför. Från klassiska favoriter som Capresesallad och grekisk sallad till uppfinningsrika skapelser med oväntade smakkombinationer och innovativa ingredienser, dessa recept ger en lockande inblick i Medelhavets rika kulinariska traditioner.

Vi uppmuntrar dig att experimentera med olika ingredienser, texturer och smaker för att skapa dina egna antipastosallader som speglar din personliga smak och stil. När allt kommer omkring ligger skönheten i medelhavsköket i dess enkelhet, mångsidighet och betoning på färska, säsongsbetonade råvaror.

Tack för att du följde med oss på denna härliga resa. Må ditt kök fyllas med doften av olivolja, vitlök och örter, och må varje tugga av antipastosallad transportera dig till en soldränkt terrass med utsikt över Medelhavet. God aptit!

www.ingramcontent.com/pod-product-compliance
Lightning Source LLC
Chambersburg PA
CBHW050353120526
44590CB00015B/1674